Bíblia
para meninas

Para elaboração dos textos, foi utilizada como referência
a *Bíblia Sagrada* da Geográfica Editora, 7ª edição, 2006.
Tradução de João Ferreira de Almeida.

© 2021 Ciranda Cultural Editora e Distribuidora Ltda.
Produção: Ciranda Cultural
Texto: Paloma Blanca Alves Barbieri
Ilustrações: Lie Nobusa

Distribuído por: Magic Kids Comércio Ltda.
CNPJ: 13.765.529/0001-48
Avenida José Alves de Oliveira, 300, galpão 10
Distrito Industrial - CEP: 13123-105
Jundiaí - SP
Tel.:11 2476-1100 / 11 98288-0103
Site: www.magicgrupo.com.br
sac@magicgrupo.com.br

2ª Edição em 2022
2ª Impressão em 2024
www.cirandacultural.com.br
Todos os direitos reservados. Nenhuma parte desta
publicação pode ser reproduzida, arquivada em sistema
de busca ou transmitida por qualquer meio, seja ele
eletrônico, fotocópia, gravação ou outros, sem prévia
autorização do detentor dos direitos, e não pode circular
encadernada ou encapada de maneira distinta daquela
em que foi publicada, ou sem que as mesmas condições
sejam impostas aos compradores subsequentes.

Bíblia
para meninas

SUMÁRIO

Antigo Testamento

Deus cria o mundo e todas as criaturas	8-9
Adão e Eva	10-11
Adão e Eva desobedecem a Deus	12-13
Os irmãos Caim e Abel	14-15
Deus fala com Noé	16-17
A arca de Noé e a tempestade	18-19
As promessas de Deus para Abrão	20-21
O sacrifício de Abraão	22-23
Os irmãos Esaú e Jacó	24-25
José e a traição de seus irmãos	26-27
José no Egito	28-29
O nascimento de Moisés	30-31
Moisés e o povo de Deus	32-33
A força de Sansão	34-35
A bondade de Rute	36-37
O profeta Samuel	38-39
Davi enfrenta Golias	40-41
Salmo de Davi	42-43
A sabedoria de Salomão	44-45
A coragem de Ester	46-47
A fé inabalável de Jó	48-49
Daniel na cova dos leões	50-51
Jonas e o grande peixe	52-53

Novo Testamento

Maria recebe a visita do anjo	56-57
O anjo aparece a José em sonho	58-59
Maria visita Isabel	60-61
O nascimento do Menino Jesus	62-63
Os pastores visitam Jesus	64-65

Os magos do Oriente	66-67
Jesus é apresentado no templo	68-69
O batismo de Jesus	70-71
Jesus transforma água em vinho	72-73
O sermão da montanha	74-75
Os apóstolos de Jesus	76-77
A parábola do semeador	78-79
Acalmando a tempestade	80-81
Jesus multiplica os pães e os peixes	82-83
Jesus caminha sobre as águas	84-85
A parábola do bom samaritano	86-87
Oração do Pai-Nosso	88-89
A parábola do rico sem juízo	90-91
Lázaro é trazido de volta à vida	92-93
A parábola da ovelha perdida	94-95
A parábola do filho pródigo	96-97
Jesus abençoa as crianças	98-99
Jesus entra em Jerusalém	100-101
A traição de Judas	102-103
A Última Ceia	104-105
Jesus é preso	106-107
Jesus é levado a Pilatos	108-109
Jesus é crucificado	110-111
A Ressurreição de Jesus	112-113
Jesus aparece aos seus discípulos	114-115
A vinda do Espírito Santo	116-117
João e Pedro vão ao templo	118-119
A conversão de Saulo	120-121
A importância do amor	122-123
Os Dez Mandamentos de Deus	124-125
Aprendendo com as histórias	126-127
Minha oração	128

ANTIGO TESTAMENTO

DEUS CRIA O MUNDO E TODAS AS CRIATURAS

(Gênesis 1 , 2:1-3)

No princípio, o Espírito de Deus pairava sobre as águas, e mais nada havia, apenas escuridão... Então, Deus, em sua infinita sabedoria, criou o Universo. Ele disse:

– Que haja luz!

E a luz se fez! Ela foi separada das trevas e recebeu o nome de dia, e a escuridão, de noite. Esse foi o primeiro dia da criação.

No segundo dia, Deus criou os céus e separou a água da terra. À água, Ele deu o nome de mar. No terceiro dia, fez brotar sobre a terra todo tipo de plantas, ervas e árvores frutíferas.

No quarto dia, Deus criou o Sol, para governar o dia, e a Lua e as estrelas, para iluminarem a noite.

No quinto dia, Deus povoou as águas e os céus com diferentes criaturas. Já no sexto dia, ordenou que animais de todos os tipos e tamanhos habitassem a Terra. Para completar sua criação, nesse mesmo dia Deus criou e abençoou o homem e a mulher. E Ele viu que tudo o que tinha criado era bom!

Tendo terminado sua obra, no sétimo dia, Deus descansou.

Ensinamento
Tudo o que foi criado por Deus é bom e tem um propósito!

ADÃO E EVA

(Gênesis 2:7-25)

Depois de criar o mundo e todos os seres que nele habitam, Deus criou o homem do pó da terra. Depois que o moldou, o Criador soprou em suas narinas o sopro da vida. Esse homem era Adão!

Para que Adão pudesse viver em tranquilidade, Deus criou um jardim especial, chamado Éden. Nele, Adão deu um nome a todos os animais que ali viviam.

Vendo Adão tão sozinho, Deus decidiu dar-lhe uma companhia. Então, de uma de suas costelas, o Senhor fez a mulher: seu nome era Eva!

Assim, os dois passaram a viver juntos e felizes no Jardim do Éden.

Ensinamento
A vida faz mais sentido quando temos alguém com quem compartilhar todos os momentos!

ADÃO E EVA DESOBEDECEM A DEUS

(Gênesis 2:9-17, 3)

No Jardim do Éden, havia diferentes tipos de árvores e frutos. Mas tinha uma árvore que, de acordo com Deus, jamais deveria ser tocada: a do conhecimento do bem e do mal!

Certo dia, uma serpente, o mais astuto animal dos campos, apareceu e disse a Eva:

— Se você comer o fruto dessa árvore, nada de mal vai lhe acontecer. Pelo contrário, seus olhos vão se abrir, e vocês serão como Deus, que sabe do bem e do mal.

Assim, Eva pegou um fruto e o comeu. Depois o ofereceu a Adão. Na mesma hora, os dois perceberam que estavam nus e, envergonhados, cobriram-se com folhagens.

Quando Deus descobriu que Adão e Eva o tinham desobedecido, ficou triste e expulsou os dois do Jardim para sempre.

Ensinamento

É preciso obedecer a Deus, assim como ao pai e à mãe. Eles sabem o que é melhor para cada um de seus filhos.

OS IRMÃOS CAIM E ABEL

(Gênesis 4:1-16)

Depois de deixarem o Jardim do Éden, Adão e Eva tiveram dois filhos: Caim e Abel. Caim, o filho mais velho, trabalhava cultivando a terra. Abel, o mais novo, pastoreava as ovelhas.

Certo dia, Caim e Abel fizeram uma oferenda a Deus, que ficou mais satisfeito com a oferta de Abel. Tomado pela

inveja, Caim acabou tirando a vida do próprio irmão.

Triste com a maldade de Caim, Deus ordenou que a partir daquele dia nenhuma terra cultivada por ele desse frutos. Assim, Caim aprenderia a lição.

Com a morte de Abel, Deus abençoou Adão e Eva com um novo filho: Sete!

Ensinamento
Não se deve invejar o irmão. Deus ama todos os seus filhos igualmente!

DEUS FALA COM NOÉ

(Gênesis 6:1-22)

Assim como Adão e Eva, Caim e Sete tiveram filhos. Com o passar do tempo, o número de pessoas na Terra cresceu... E a maldade também.

Para acabar com o mal, Deus decidiu exterminar da superfície da Terra o homem e os animais que havia criado. Porém, havia um homem que era justo e que seguia os mandamentos do Senhor: Noé!

Então, certo dia, Deus apareceu a Noé e pediu que ele construísse uma arca, pois faria cair um dilúvio sobre a Terra.

Na arca, o bondoso homem deveria abrigar sua família, um macho e uma fêmea de cada espécie de animal que existia na Terra e muitos alimentos, para o período de chuva.

Muito obediente, Noé seguiu todas as instruções de Deus.

Ensinamento
É preciso ouvir e confiar em Deus em todos os momentos!

A ARCA DE NOÉ E A TEMPESTADE

(Gênesis 7, 8 e 9:1-13)

Depois de vários dias, a arca finalmente ficou pronta, e Deus pediu que Noé e sua família entrassem nela. Aos poucos, um casal de cada animal puro e impuro, das aves e de tudo que se arrasta sobre a terra entrou com Noé na arca.

Sete dias depois, Deus, então, fez cair a tempestade sobre a Terra, e a chuva durou quarenta dias e quarenta noites.

Quando a chuva finalmente parou e a água começou a baixar, Noé soltou uma pomba, que retornou, pois não encontrou onde pousar. Noé esperou mais sete dias e soltou novamente a pomba, que dessa vez voltou trazendo um ramo de oliveira em seu bico.

Esperou mais sete dias e soltou mais uma vez a pomba, que não retornou mais. Assim, Noé soube que havia terra firme.

Noé e sua família ficaram muito agradecidos a Deus, que prometeu nunca mais destruir a Terra com uma tempestade. Como sinal da aliança eterna estabelecida entre Ele e todos os seres vivos sobre a Terra, Deus formou um lindo arco-íris no céu.

Ensinamento
Deus oferece uma nova chance para as pessoas fazerem o bem.

AS PROMESSAS DE DEUS PARA ABRÃO

(Gênesis 12:1-5, 17:1-8, 15-21, 21:3-5)

Certo dia, Deus ordenou a um bondoso homem, que até então se chamava Abrão, que ele e sua esposa, Sarai (depois chamada de Sara), fossem para Canaã, onde seria seu novo lar. Em troca, Deus disse a Abrão que ele passaria a se chamar Abraão e seria pai de uma grande nação.

Em Canaã, Deus apareceu novamente para Abraão e lhe fez outra promessa: ele e Sara seriam abençoados com um filho. O casal já tinha idade avançada, porém, mais uma vez, os dois acreditaram na promessa de Deus.

Assim, Abraão e Sara tiveram um filho, a quem deram o nome de Isaque.

> **Ensinamento**
> Quem confia nas promessas do Senhor nunca está desamparado.

O SACRIFÍCIO DE ABRAÃO

(Gênesis 22:1-17)

Tempos depois, quando Isaque já tinha crescido, Abraão e sua fé se mantinham inabaláveis. Então, o Senhor fez um novo pedido ao fiel homem, para testar sua fé: oferecer seu filho em sacrifício.

Abraão amava muito Isaque, mas era obediente a Deus e, por isso, estava disposto a atender ao seu pedido. Porém, no dia e local do sacrifício, o anjo do Senhor gritou do céu:

– Abraão, não faça mal ao seu filho. Agora sei que é temente a Deus!

Satisfeito com a atitude de Abraão, o Senhor abençoou Isaque com muitos descendentes, tanto quanto as estrelas dos céus e a areia da praia.

Ensinamento
A fé é o caminho que nos leva até o Senhor.

OS IRMÃOS ESAÚ E JACÓ

(Gênesis 25:19-34)

Isaque, assim como seu pai Abraão, era obediente ao Senhor. Então, depois de se casar com Rebeca, que também não podia ter filhos, ele pediu a Deus um milagre, que atendeu à oração do homem: Rebeca engravidou dos gêmeos Esaú e Jacó. Esaú era o mais velho deles.

Os dois irmãos eram bem diferentes. Enquanto Esaú gostava de caçar, Jacó preferia ajudar em casa.

Certo dia, Esaú chegou do campo bem faminto e pediu a Jacó um pouco de comida. Jacó disse que lhe daria a refeição se, em troca, Esaú lhe desse os direitos de filho mais velho.

Sem pensar duas vezes, Esaú fez a troca, e Jacó ficou com todas as bênçãos que pertenciam ao filho primogênito.

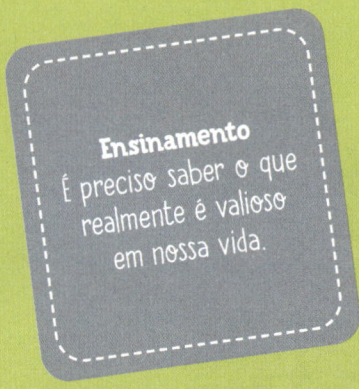

Ensinamento
É preciso saber o que realmente é valioso em nossa vida.

JOSÉ E A TRAIÇÃO DE SEUS IRMÃOS

(Gênesis 37:2-35)

Jacó teve muitos filhos. Entre eles, José, que era, até então, o mais novo. Como sentia grande carinho pelo garoto, Jacó o presenteou com uma linda túnica colorida.

Esse presente despertou a inveja nos irmãos de José,

que decidiram se livrar dele, vendendo-o para um grupo de mercadores que ia rumo ao Egito.

Para explicarem ao pai o sumiço de José, seus irmãos mancharam sua túnica com sangue de animal e mostraram a Jacó. Acreditando que seu filho havia sido atacado e morto por um animal, chorou a perda de José por um longo tempo.

Ensinamento
Nunca faça algo que traga tristeza para sua família.

JOSÉ NO EGITO
(Gênesis 39:1, 19-20, 41 a 46)

Ao chegar ao Egito, José foi vendido para o chefe da guarda do faraó e, por um tempo, ajudou-o a prosperar. Porém, certa vez, ele foi acusado de um crime que não cometeu e acabou na prisão.

Já fazia um tempo que José estava preso quando o rei do Egito teve alguns sonhos, que ninguém conseguia decifrar. Então, ele soube de José e mandou chamá-lo.

Diferentemente de muitos sábios, José conseguiu interpretar os sonhos do faraó, que previam sete anos de fartura e sete anos de pobreza. O faraó ficou tão impressionado com a sabedoria de José que o nomeou governador do Egito.

Anos depois, José reencontrou seus irmãos, que estavam arrependidos do que fizeram, e os perdoou. E, com alegria, ele reencontrou seu pai, Jacó.

> **Ensinamento**
> O perdão e o arrependimento trazem paz ao coração.

O NASCIMENTO DE MOISÉS

(Êxodo 1 e 2)

Após a morte de José, os israelitas, que eram descendentes de Jacó, estavam crescendo sem parar. Temendo que eles se tornassem mais fortes, o novo faraó passou a escravizá-los. Mais tarde, vendo que o povo de Israel continuava numeroso, ordenou, então, que todos os bebês do sexo masculino nascidos desse povo fossem mortos.

Um casal, porém, colocou seu filho dentro de um cesto e o levou até a beira de um rio, com a esperança de salvar a vida da criança.

A irmã do menino, que acompanhou toda a jornada do cesto, viu que seu irmão foi parar nas mãos da princesa, filha do faraó. Esta logo acolheu o bebê e lhe deu o nome de Moisés, que significa "retirado das águas".

Muito sábia, a irmã do menino se apresentou à princesa e disse que sua mãe poderia amamentar a criança e cuidar dela até que crescesse. Assim, Moisés foi criado pela sua própria mãe e, quando cresceu, tornou-se o príncipe do Egito.

Ensinamento
É preciso ter fé de que tudo ficará bem.

MOISÉS E O POVO DE DEUS

(Êxodo 2 a 20)

Certo dia, Moisés viu um soldado egípcio agredir um escravo. Comovido com a opressão que os israelitas vinham sofrendo, matou esse soldado. Por causa disso, teve de fugir para outra terra, onde se estabeleceu e se tornou pastor de ovelhas.

Muito tempo depois, Deus, vendo a aflição dos israelitas, apareceu a Moisés e disse:

– Liberte meu povo e guie-o até a Terra Prometida!

Moisés obedeceu e foi até o faraó para pedir a libertação do povo de Israel. Mas o rei não lhe deu ouvidos. Como castigo, Deus enviou dez pragas sobre o Egito.

Ao ver os egípcios em sofrimento, o faraó finalmente decidiu libertar os israelitas, mas logo se arrependeu dessa decisão. Então, quando Moisés e seu povo estavam a caminho do Mar Vermelho, os soldados do faraó os perseguiram.

Orientado por Deus, Moisés ergueu seu cajado, e as águas do mar se abriram. Quando todo o povo de Israel atravessou, o mar se fechou novamente, deixando o Egito e todo o sofrimento para trás.

A caminho da Terra Prometida, Moisés e seu povo acamparam perto de um monte chamado Sinai. Nesse monte, Deus transmitiu a Moisés seus dez mandamentos e pediu a ele que os ensinasse ao povo.

Ensinamento
Confie no Senhor de todo o coração,
e Ele o guiará.

A FORÇA DE SANSÃO

(Juízes 13, 14 e 16)

Com o passar do tempo, o povo de Israel se esqueceu dos mandamentos de Deus. Então, foi dominado pelo povo filisteu.

Dando aos israelitas uma nova chance, Deus abençoou um casal desse povo com uma criança especial. Seu nome era Sansão.

Conforme crescia, Sansão se tornava mais forte. Desse modo, passou a vencer todas as batalhas contra os filisteus. O que ninguém sabia era que a força de Sansão vinha de seus cabelos e que, por isso, nunca deviam ser cortados.

Certo dia, porém, Sansão se apaixonou por uma mulher chamada Dalila e lhe contou seu segredo. E foi assim que os filisteus descobriram e cortaram o seu cabelo.

Orando a Deus, Sansão pediu forças pela última vez. Deus atendeu seu pedido, e Sansão derrotou os filisteus, destruindo um templo onde todos estavam, incluindo ele.

Ensinamento
Nossa verdadeira força está em Deus.

A BONDADE DE RUTE

(Rute 1, 2 e 4)

Na cidade de Moabe, vivia uma bondosa viúva chamada Noemi, que tinha dois filhos, os quais se casaram com duas jovens mulheres: Orfa e Rute. Mas, um tempo depois, os filhos de Noemi morreram, como o pai.

Desamparada, Noemi decidiu retornar a Israel, sua terra natal, e pediu que suas noras voltassem para suas famílias.

Muito leal a Noemi, Rute decidiu partir com a sogra para Belém. Chegando lá, ela passou a trabalhar nos campos de cevada de um bom homem chamado Boaz.

Vendo a bondade de Rute para com a sogra, Boaz decidiu se casar com ela. O casal foi abençoado com um filho, que foi muito amado por Noemi.

Ensinamento
A bondade é uma das maiores virtudes do homem.

O PROFETA SAMUEL

(1 Samuel 1, 2 e 3)

Havia uma bondosa mulher chamada Ana. Como não conseguia ter filhos, ela rogou a Deus que lhe desse um bebê. Deus atendeu seu pedido, e Ana deu à luz um menino, a quem chamou de Samuel.

Ela entregou seu filho, ainda criança, aos cuidados de um sacerdote chamado Eli, pois queria que ele aprendesse tudo sobre os ensinamentos de Deus.

Certa noite, Samuel ouviu alguém chamá-lo. Pensando que fosse Eli, foi correndo até o sacerdote:

– Estou aqui! – ele respondeu.

Mas a voz não era de Eli, e sim de Deus, que chamou por ele ainda mais duas vezes. Na terceira, segundo a recomendação de Eli, Samuel respondeu:

– Fala, que seu servo escuta.

Depois daquela noite, conforme a vontade do Senhor, Samuel se tornou um de seus profetas.

Ensinamento
Deus tem uma missão e um propósito para cada um de nós.

39

DAVI ENFRENTA GOLIAS

(1 Samuel 16:1-13, 17 e 18)

Israel era governado por um rei chamado Saul. Deus, porém, não estava feliz com as ações desse rei. Então, Ele pediu ao profeta Samuel que fosse até Belém, à casa de um homem chamado Jessé, para encontrar um novo rei.

Jessé tinha oito filhos. O mais novo se chamava Davi e era um pastor de ovelhas. Deus viu bondade em Davi e o escolheu para governar Israel.

Naquele período, os israelitas estavam em guerra com os filisteus. Então, muitos homens foram recrutados para o exército de Saul. Entre eles, havia três irmãos de Davi.

Certo dia, quando Davi foi levar alimento aos seus irmãos, conheceu o gigante Golias, que todos tinham medo de enfrentar. Por isso, decidiu entrar na batalha. Golias riu ao ser desafiado pelo jovem pastor de ovelhas, mas Davi, usando apenas algumas pedras, atingiu o gigante na cabeça e o derrotou. Graças a Davi, Israel se livrou mais uma vez do domínio dos filisteus, e Davi se tornou rei do povo.

> **Ensinamento**
> Deus sempre nos dá a força e a coragem necessárias para enfrentarmos qualquer situação.

SALMO DE DAVI

(Salmos 23:1-4)

Davi tinha um dom especial: era músico e compositor!
Um dia, ele escreveu um salmo para Deus:
"O Senhor é meu pastor, nada me faltará.
O Senhor me deixa descansar em verdes campos
e me leva somente onde há águas tranquilas.
Ele renova minha alma e me guia pelo caminho do bem.
E tudo isso por amor!
Mesmo que eu tenha de enfrentar muitos perigos,
eu não tenho medo, pois Deus está sempre comigo".

Ensinamento
Quem confia em Deus não precisa ter medo de nada.

43

A SABEDORIA DE SALOMÃO

(1 Reis 1 e 3)

Como a morte do rei Davi se aproximava, Salomão, seu filho, tornou-se o rei de Israel. Salomão era muito jovem, então, pediu a Deus sabedoria para guiar seu povo. Contente com o pedido de Salomão, que em vez de riquezas pediu apenas o conhecimento do que era bom e do que era mau, Deus atendeu ao seu pedido.

Certa vez, duas mulheres que se diziam mães de uma mesma criança foram falar com Salomão, em busca de uma solução. Para resolver o problema, o rei pediu que a criança fosse cortada ao meio. Assim, cada mãe ficaria com uma parte. Porém, uma das mulheres se manifestou, dizendo que abriria mão da criança, caso ela vivesse.

Na mesma hora, Salomão deu a criança para a mulher que estava disposta a abrir mão do bebê. Afinal, só a verdadeira mãe seria capaz de um gesto de amor tão grande!

O povo de Israel ficou admirado com Salomão, que continuou governando seu povo com a sabedoria dada por Deus.

Ensinamento
A sabedoria é a maior das riquezas.

A CORAGEM DE ESTER

(Ester 1 a 9)

Um dia, Assuero, rei da Pérsia, ao ser desobedecido por sua rainha, decidiu encontrar outra mulher para reinar ao seu lado. A escolhida foi Ester, uma mulher judia.

Um tempo depois, quando já era rainha, Ester descobriu que um dos servos do rei estava planejando derrotar todos os judeus. Então, com muita coragem, ela preparou dois banquetes para alegrar o marido e, em seguida, contou-lhe que era judia e que seu povo estava em perigo.

Como nutria um bom sentimento por Ester, o rei salvou sua esposa e o povo dela, impedindo os planos de todos aqueles que queriam derrotar os judeus.

> **Ensinamento**
> Peça a Deus, e Ele lhe dará a coragem de que você precisa.

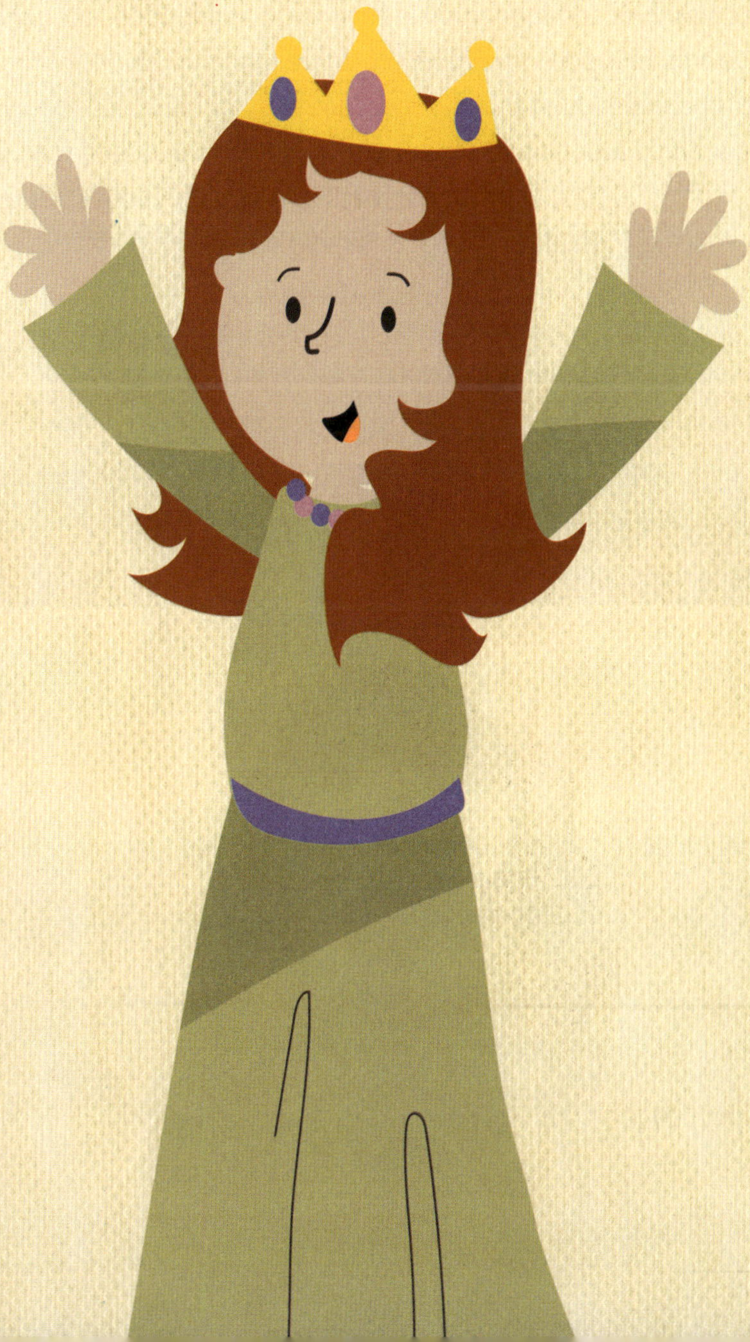

A FÉ INABALÁVEL DE JÓ

(Jó 1, 2 e 42)

Na cidade de Uz, havia um homem honesto, bondoso e muito obediente a Deus: seu nome era Jó.

Jó era afortunado, pois tinha muitos filhos e era um dos homens mais ricos da região. Ele tinha tudo e era grato a Deus por tantas bênçãos.

Certo dia, o Mal apareceu e afirmou para Deus que Jó só era obediente porque tudo ia bem em sua vida. Então, para descobrir o tamanho da fé que Jó possuía, Deus decidiu tirar tudo o que o bondoso homem tinha: suas terras, seus rebanhos e seus filhos.

Mesmo sem nada, Jó continuou fiel a Deus, e dizia:

– O que o Senhor me deu, o Senhor tomou. Bendito seja o seu nome!

Um tempo depois, Jó ficou doente, e feridas se espalharam por todo o seu corpo. Ainda assim, o bom homem não reclamou. Deus se alegrou com a obediência de Jó e lhe deu novamente tudo o que havia tirado.

Ensinamento
É preciso ter fé em Deus em todos os momentos, bons ou ruins.

DANIEL NA COVA DOS LEÕES

(Daniel 6)

Em uma terra chamada Babilônia, havia um rei chamado Dario. Para ajudá-lo a governar o reino, convocou alguns conselheiros. Entre eles, estava Daniel, um homem honesto e muito temente a Deus.

Daniel, que era muito sábio, estava se destacando perante o rei, e isso causou a inveja dos outros conselheiros do reino.

Sabendo que Daniel era muito temente a Deus, os conselheiros sugeriram ao rei decretar uma lei que proibisse todo o povo de orar ou fazer qualquer prece a um deus ou a algum homem que não fosse o próprio rei. Caso contrário, seria jogado na cova dos leões.

Como rezava todos os dias, Daniel foi flagrado pelos outros conselheiros e, assim, mandado para a cova. O rei, lamentando por ter de cumprir a lei, disse a Daniel:

– Peça ao seu Deus para que o livre dos leões!

Milagrosamente, no dia seguinte, o rei viu que os leões não tinham feito mal algum ao rapaz. Assim, o rei espalhou um novo decreto:

– Que todos temam e sigam ao Deus de Daniel, pois Ele faz milagres!

Ensinamento
Nada é mais poderoso do que a oração.

JONAS E O GRANDE PEIXE

(Jonas 1 a 3)

Jonas, assim como Samuel, era um profeta de Deus. Certo dia, o Senhor apareceu para ele e disse:

– Vá para Nínive e leve até lá a minha Palavra, pois as pessoas estão sendo más umas com as outras.

Jonas, em vez de obedecer a Deus, fugiu em um navio. Mas, durante a viagem, Deus enviou uma forte tempestade. Ao descobrirem que Jonas era o motivo da ira das águas, os marinheiros o lançaram ao mar.

Na mesma hora, o mar se acalmou, e Jonas foi engolido por um grande peixe, ficando dentro dele por três dias. Arrependido, o profeta orou a Deus, que o libertou do peixe e o levou para terra firme.

Dias depois, Jonas foi até Nínive para levar a Palavra de Deus. Assim, o povo voltou a orar e a acreditar no Senhor.

Ensinamento
Não há por que fugir dos propósitos de Deus. Ele sempre quer o melhor para você.

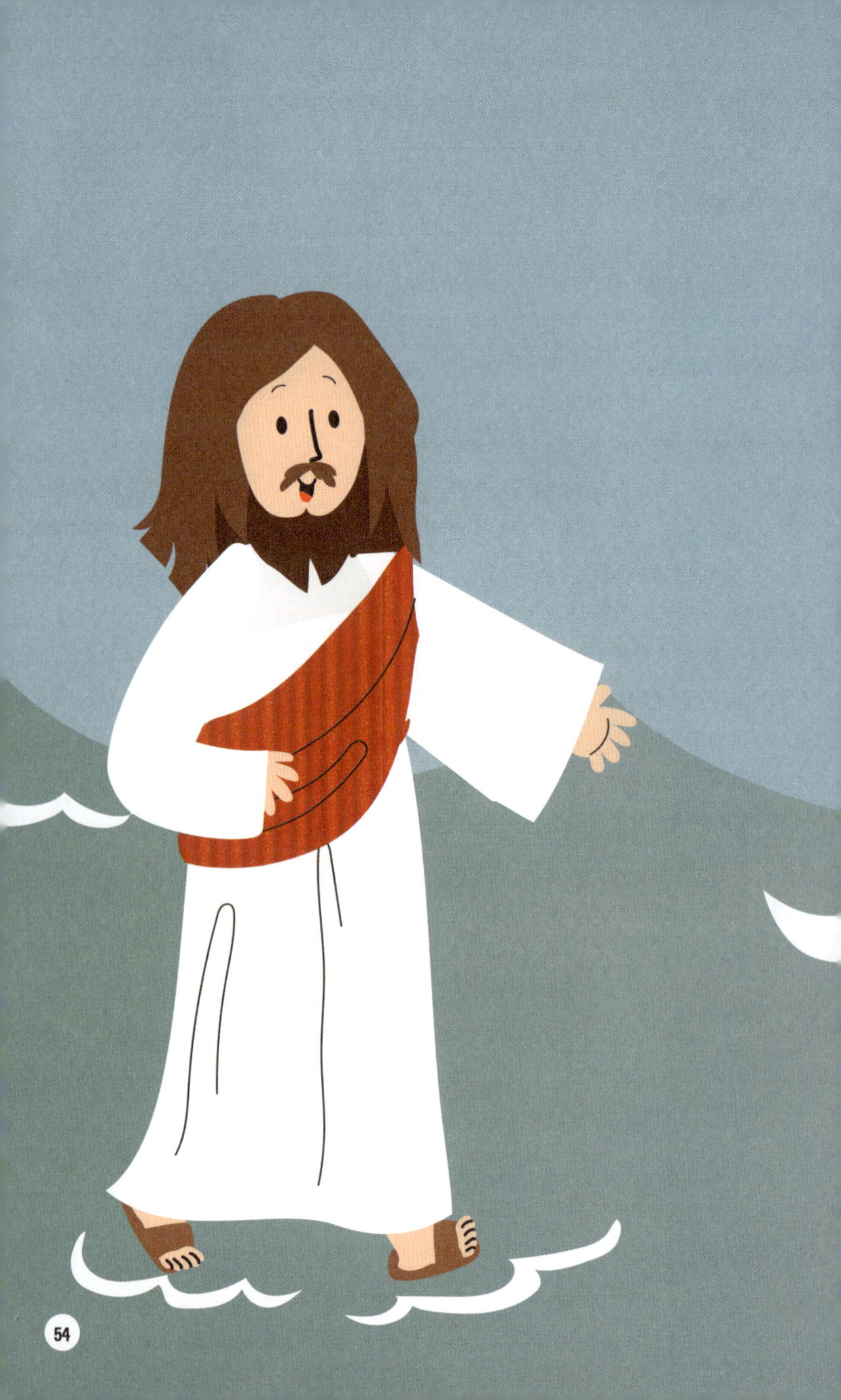

NOVO TESTAMENTO

MARIA RECEBE A VISITA DO ANJO

(Lucas 1:26-38)

Em Nazaré, havia uma bondosa jovem chamada Maria, e ela era noiva de José.

Certa vez, Maria recebeu a visita de um anjo: seu nome era Gabriel.

– Maria, não tenha medo – disse o anjo. – Eu vim anunciar que você conceberá e dará à luz o Filho de Deus, que se chamará Jesus.

Maria ficou confusa no início, mas ela acreditava em Deus e em seus propósitos.

– Que seja feita a vontade do Senhor – Maria respondeu ao anjo, feliz e honrada por ter sido escolhida para ser a mãe d'Aquele que traria maravilhas ao mundo.

Ensinamento
Deus prepara o melhor para a nossa vida.

O ANJO APARECE A JOSÉ EM SONHO

(Mateus 1:18-25)

Quando descobriu que Maria estava grávida antes de eles se casarem, José achou melhor deixá-la, em segredo, para que ela não fosse prejudicada.

Porém, um anjo do Senhor apareceu para ele em sonho, dizendo:

– José, não tenha medo de se casar com Maria. O filho que ela espera foi concebido por obra do Espírito Santo.

Despertando do sonho, José fez como o anjo havia lhe dito: casou-se com Maria. Juntos, os dois criariam Jesus, o Salvador.

Ensinamento
Confie nos planos de Deus.

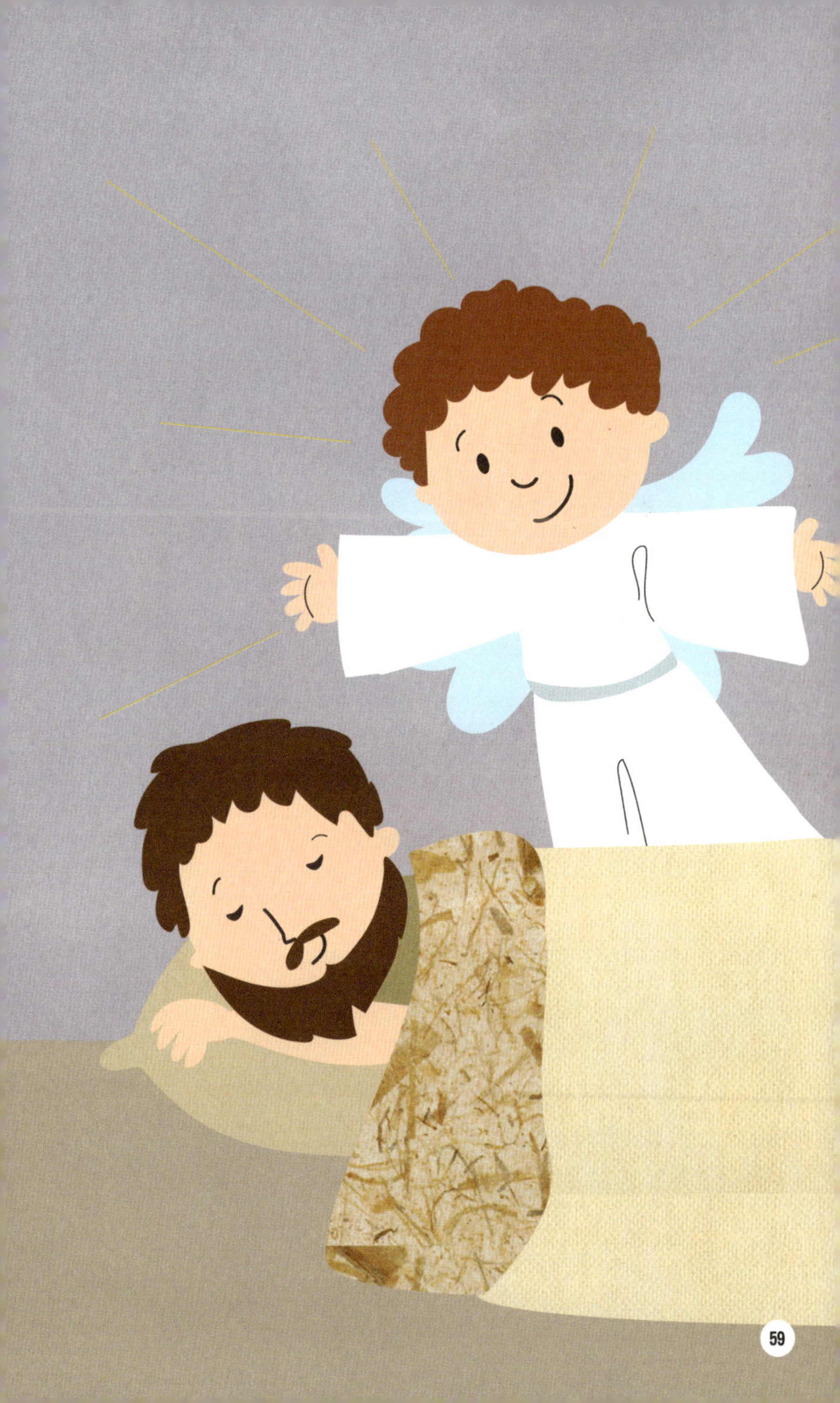

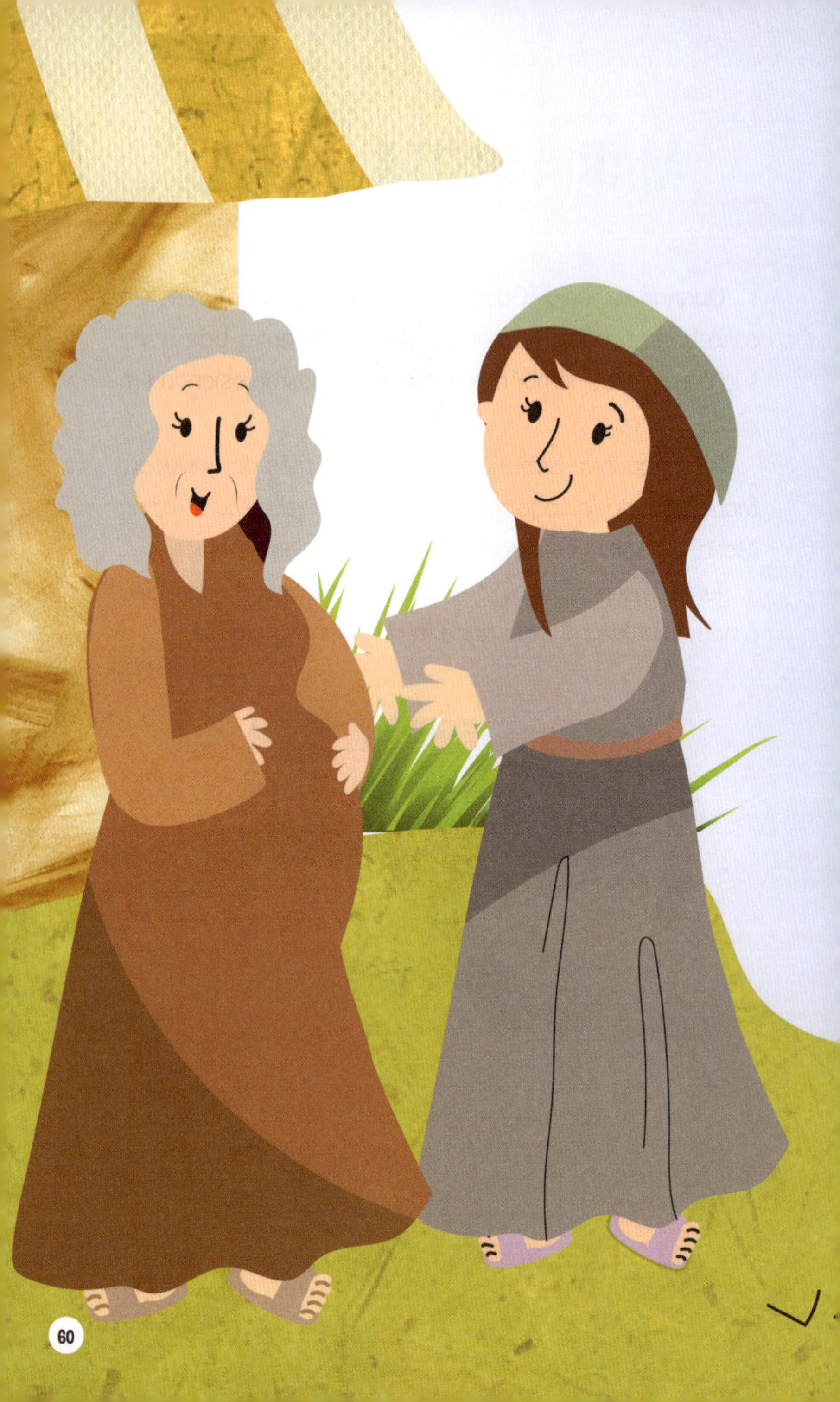

MARIA VISITA ISABEL

(Lucas 1:36-66)

Quando o anjo Gabriel anunciou a Maria que ela conceberia o filho de Deus, ele lhe trouxe outra boa-nova: sua prima Isabel também teria um filho, mesmo estando em idade avançada.

Então, quando Isabel estava no sexto mês de gestação, Maria foi visitá-la. Logo que o bebê de Isabel ouviu a voz de Maria, ele saltou de alegria na barriga de sua mãe.

Tempos depois, Isabel deu à luz um menino, a quem deu o nome de João. E Deus tinha muitos planos para ele.

> **Ensinamento**
> Para Deus, nada é impossível.

O NASCIMENTO DO MENINO JESUS

(Lucas 2:1-7)

Quando Maria estava perto de dar à luz, o imperador César Augusto ordenou que toda a população fosse até a própria cidade natal para fazer um cadastramento.

Como José era de Belém, ele e Maria tiveram de fazer uma longa viagem de Nazaré até lá.

Quando chegaram, eles não conseguiram se abrigar em nenhuma hospedaria. Então, os dois tiveram de passar a noite em um estábulo. E foi ali que Maria deu à luz o Menino Jesus. Ela o envolveu em panos e o deitou em uma manjedoura.

Ensinamento
Deus se manifesta na simplicidade.

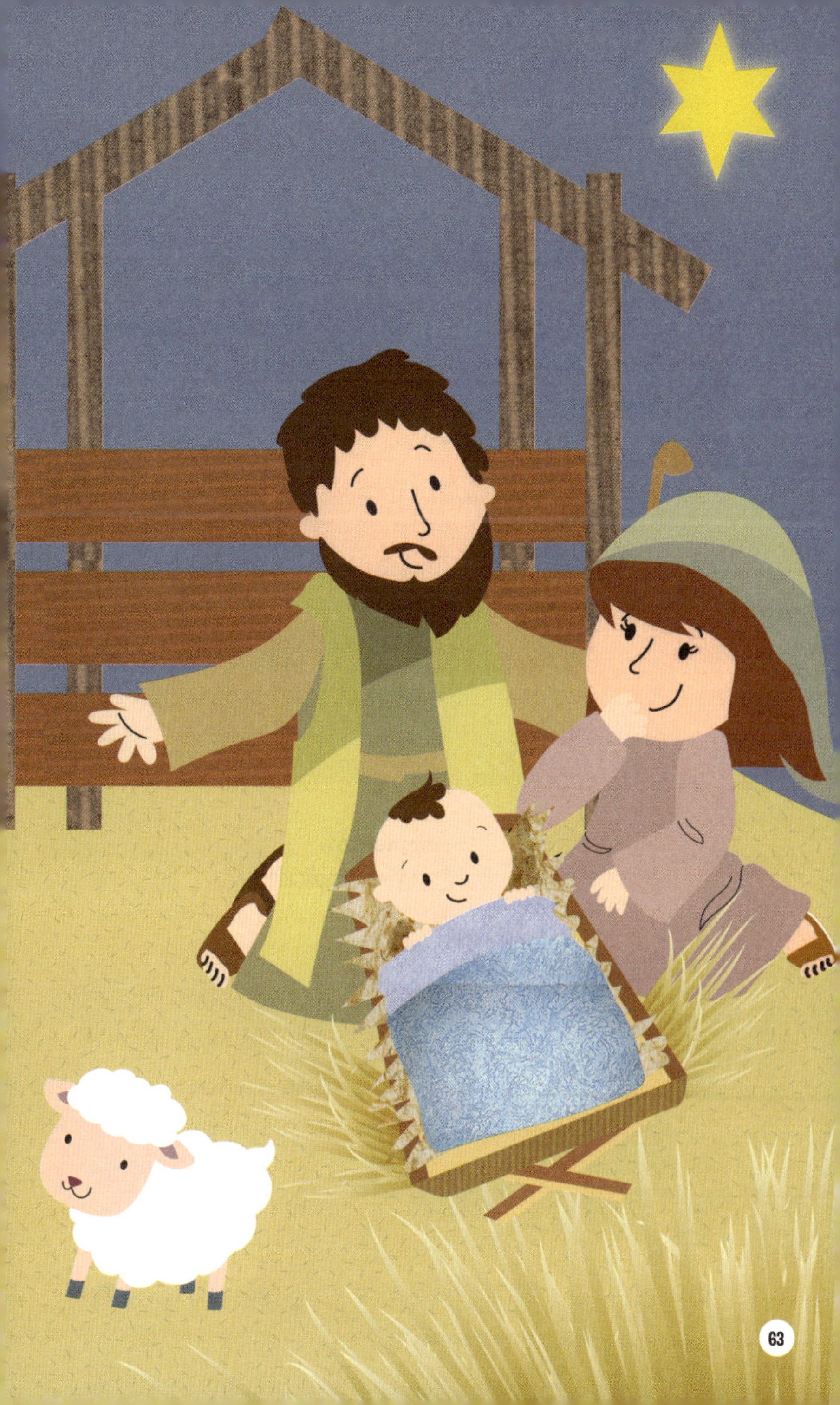

OS PASTORES VISITAM JESUS
(Lucas 2:1-7)

Ali mesmo em Belém, em um campo não muito distante, havia alguns pastores. Enquanto eles guardavam seu rebanho, a glória do Senhor os envolveu, e um anjo apareceu para eles, dizendo:

– Não tenham medo. Trago boas-novas: na cidade de Davi, acabou de nascer o Salvador do mundo. Vocês vão encontrá-lo enrolado em panos e deitado em uma manjedoura.

Na mesma hora, os pastores foram ao encontro de Maria e José, e confirmaram o que o anjo havia anunciado: lá estava Jesus, deitado na manjedoura.

Assim, os pastores levaram a boa-nova pela cidade, e todos se maravilharam com a notícia.

Ensinamento
É preciso louvar e compartilhar os milagres de Deus com as pessoas.

OS MAGOS DO ORIENTE

(Mateus 2:1-12)

Logo que Jesus nasceu, alguns magos viram uma estrela brilhante no céu. Eles a seguiram e, assim, foram do Oriente até Jerusalém. Chegando lá, os magos disseram ao rei Herodes:

– Onde está o rei dos judeus? Nós viemos prestar-lhe nossa adoração!

Aquela notícia não agradou ao rei Herodes. Então, ele pediu que os magos o avisassem onde exatamente estava o bebê, assim que descobrissem.

Quando os magos encontraram Jesus, ficaram cheios de alegria! Eles presentearam o Menino com três tesouros: ouro, incenso e mirra.

Após adorarem a criança, os magos voltaram para casa por outro caminho, sem informar ao rei Herodes sobre onde estava Jesus, conforme eles tinham sido avisados em sonho.

Ensinamento
Comemoremos com alegria e adoração a chegada d'Aquele que veio salvar o mundo!

JESUS É APRESENTADO NO TEMPLO

(Lucas 2:21-52)

Quando se completaram oito dias do nascimento de Jesus, Maria e José o levaram ao templo de Jerusalém, para ser apresentado ao Senhor. Lá, havia um homem justo e temente a Deus, chamado Simeão. Ele louvou a Deus e disse:

– Agora, já posso morrer em paz, pois meus olhos viram a salvação que vem de Deus.

E, abençoando a família, continuou:

– Este menino causará a queda e a elevação de muitos em Israel.

Passados alguns dias, a família voltou para Belém. Ali, Jesus crescia forte e com muita sabedoria.

Alguns anos depois, quando Jesus tinha doze anos, José e Maria voltaram ao templo. Porém, no retorno para casa se deram conta de que seu filho não estava com eles.

Depois de procurarem Jesus por toda parte, Maria e José voltaram ao templo, e lá estava Ele, entre os doutores da lei, escutando suas sábias palavras e fazendo perguntas. E todos estavam admirados com a inteligência de Jesus.

Ensinamento
Seja criança, seja adulto, sempre se pode aprender algo com o outro.

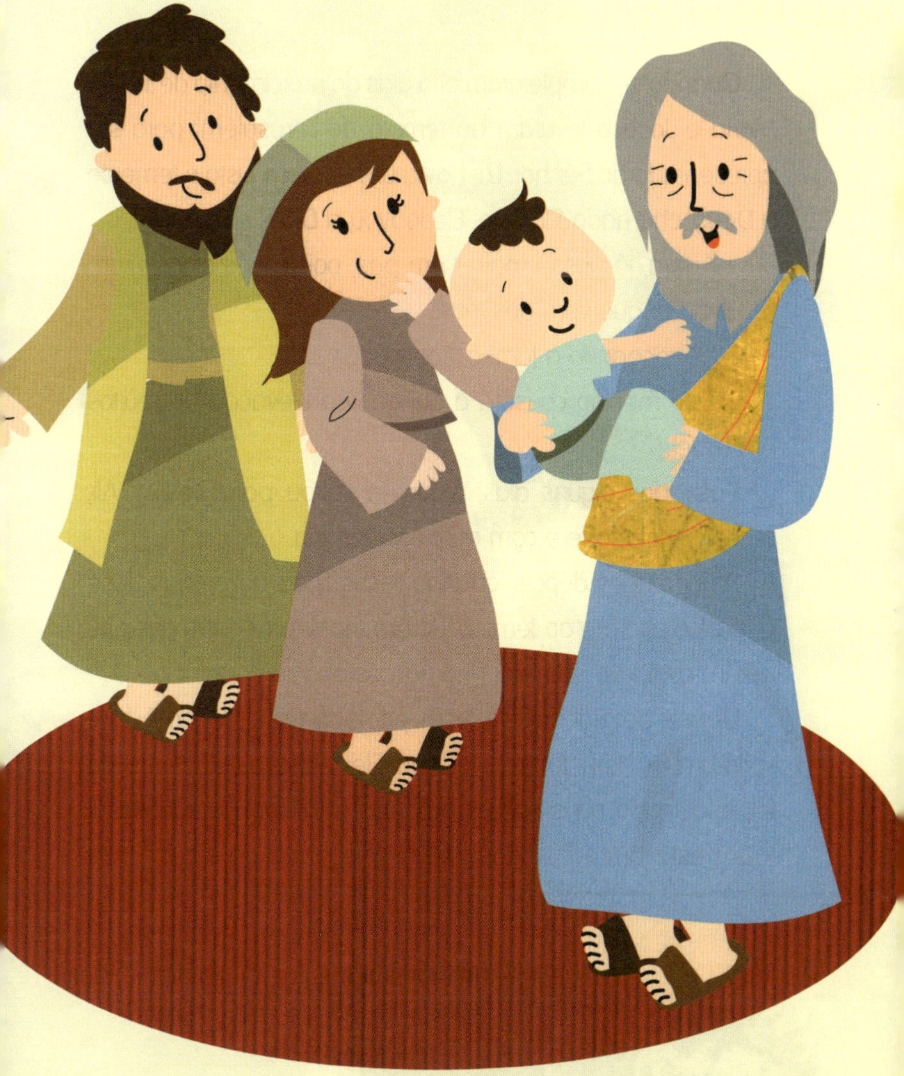

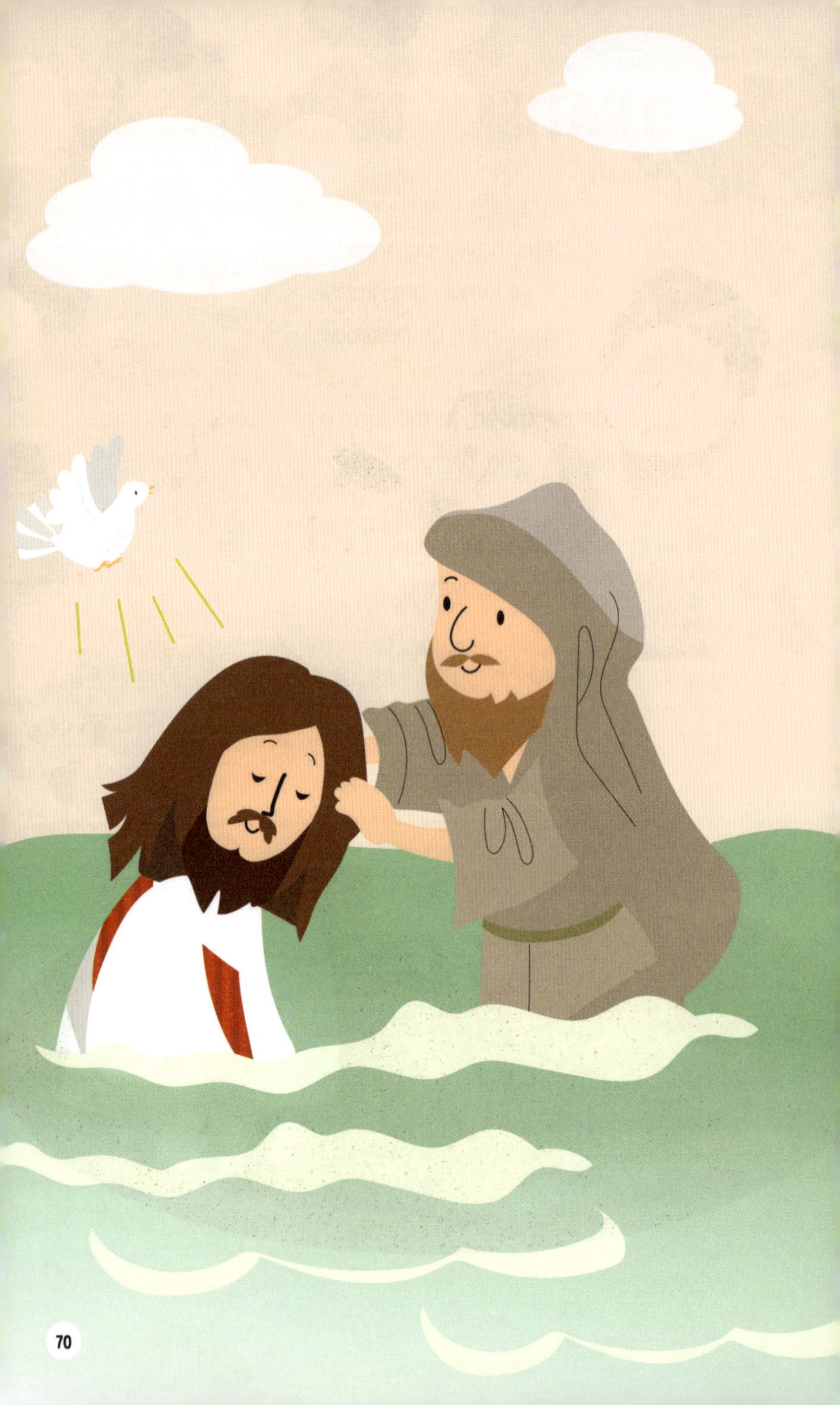

O BATISMO DE JESUS

(Marcos 1:4-11)

Assim como Deus havia preparado, João Batista, filho de Isabel, cresceu e se tornou um grande profeta do Senhor. Além de pregar a conversão às pessoas, ele as batizava no rio Jordão.

Certo dia, Jesus também foi até João e por ele foi batizado. No momento do batismo, os céus se abriram, e uma pomba desceu sobre Jesus: era o Espírito de Deus!

– Eis o meu filho amado! – disse uma voz vinda dos céus, deixando as pessoas maravilhadas.

> **Ensinamento**
> O batismo nos aproxima ainda mais do Senhor.

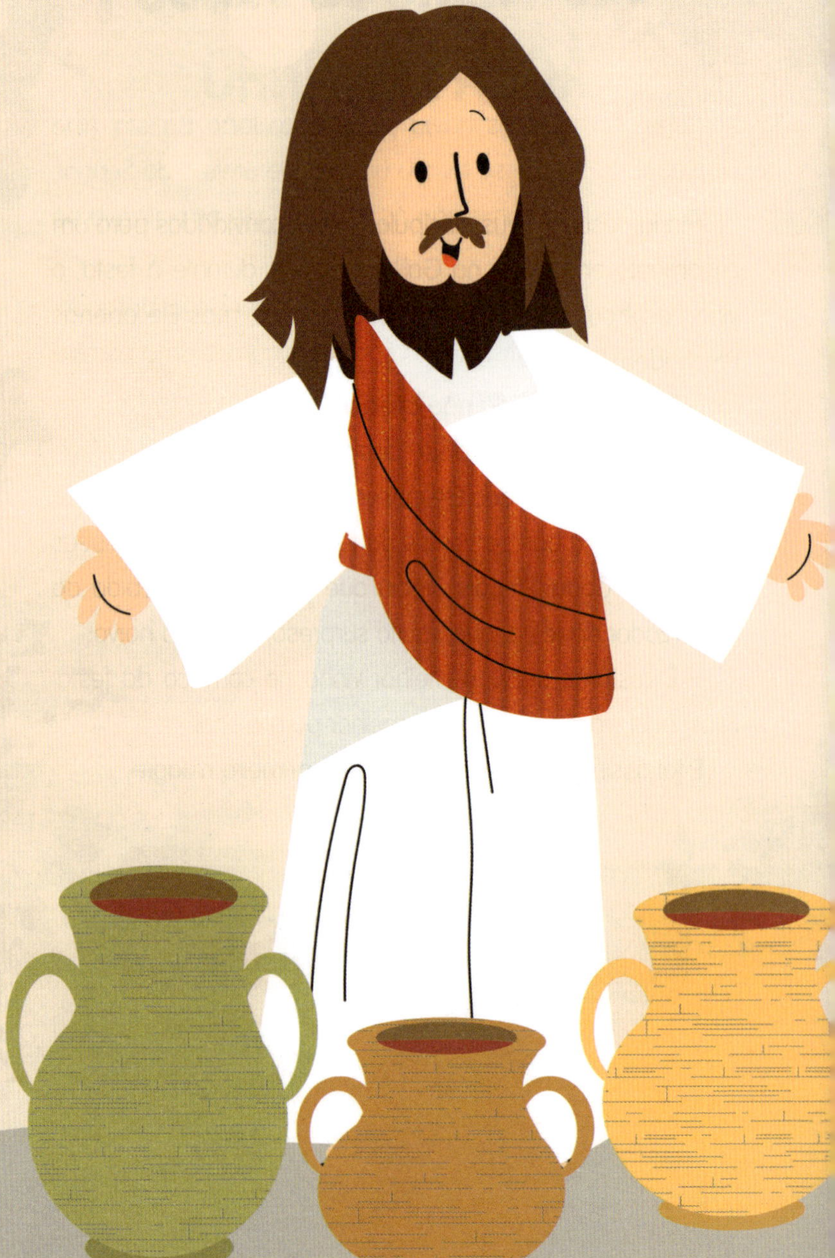

JESUS TRANSFORMA ÁGUA EM VINHO

(João 2:1-12)

Maria, Jesus e seus discípulos foram convidados para um casamento em Caná, na Galileia. Porém, durante a festa, o vinho acabou. Aflita, Maria avisou a Jesus, mas Ele apenas respondeu:

– Minha hora ainda não chegou!

Ouvindo isso, Maria disse aos serventes:

– Façam tudo o que Ele disser a vocês.

Jesus pediu aos serventes da festa que enchessem seus jarros com água. Depois, pediu que levassem a bebida ao organizador da festa, que, muito surpreso, disse ao noivo:

– É costume servir o melhor vinho no começo da festa. Mas, aqui, vocês deixaram o melhor para o final.

E foi assim que Jesus realizou seu primeiro milagre.

Ensinamento
Nunca deixe de acreditar em milagres.

O SERMÃO DA MONTANHA

(Mateus 5:1-12)

Certo dia, Jesus viu uma multidão se formar ao seu redor. Subindo uma montanha, disse:

– Abençoados os humildes, porque o Reino dos Céus será deles; abençoados os que choram, pois, um dia, serão consolados; abençoados os que são calmos, pois a Terra pertencerá a eles; abençoados os que buscam por justiça, pois vão encontrá-la; abençoados os que têm misericórdia com o outro, pois eles também terão a misericórdia de Deus; abençoados os puros de coração, pois verão a Deus; abençoados os que favorecem a paz, pois serão chamados filhos de Deus; abençoados os que são perseguidos por buscarem justiça, pois o Reino de Deus será deles.

E concluiu Jesus:

– Abençoados serão vocês quando mentirem a seu respeito, perseguirem ou disserem qualquer tipo de mal por minha causa. Vocês deverão ficar alegres, porque a sua recompensa nos Céus será grande; os profetas que já existiram também foram perseguidos dessa forma.

> **Ensinamento**
> Todos que levarem a Palavra do Senhor terão a sua recompensa.

OS APÓSTOLOS DE JESUS

(Marcos 1:14-20, 3:13-19)

Enquanto levava a Palavra de seu Pai, Jesus convidou alguns homens para se juntarem a Ele em sua missão. Então, de um monte, Ele nomeou doze homens como seus discípulos: Pedro, André, Tiago, João, Filipe, Bartolomeu, Tomé, Mateus, Tiago (filho de Alfeu), Tadeu, Simão (o cananeu) e Judas Iscariotes, o que entregou Jesus.

A esses discípulos, Jesus deu a missão de levar a Palavra de Deus, aonde quer que fossem, e o poder de curar as doenças e de afastar os maus espíritos.

Ensinamento
Unidos somos sempre mais fortes.

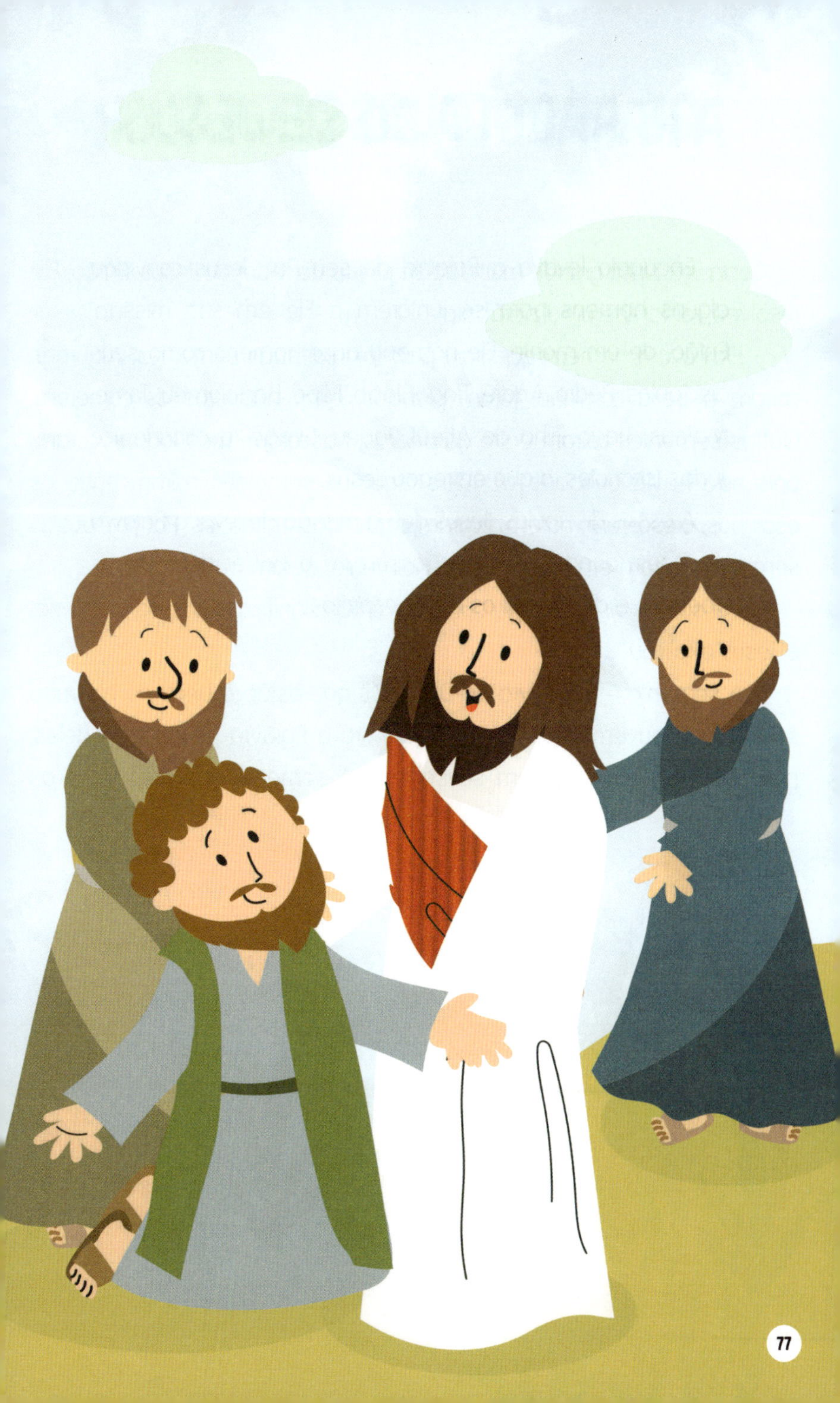

A PARÁBOLA DO SEMEADOR
(Lucas 8:4-15)

Certa vez, uma grande multidão se juntou ao redor de Jesus. Então, Ele resolveu contar-lhe uma parábola:

— Havia um homem que saiu para plantar suas sementes. Algumas caíram à beira caminho, foram pisadas, e os pássaros as comeram. Outras sementes caíram entre as pedras, nasceram, mas logo secaram, pois não havia umidade ali. Mais algumas sementes caíram entre os espinhos, cresceram, porém, ficaram sufocadas entre eles. Por fim, outras sementes caíram em terra fértil e, finalmente, deram fruto.

Confusos, os discípulos perguntaram o que significava aquela parábola, e Jesus explicou:

— A semente é a Palavra de Deus. Os que estão à beira do caminho são os que ouvem; mas vem o Mal e tira a Palavra do coração deles, para que não creiam, nem se salvem. A semente que caiu entre as pedras simboliza os que receberam a Palavra de Deus, mas não a guardaram, porque não têm raízes: acreditam nela, mas a abandonam na hora das dificuldades. A semente entre os espinhos simboliza os que ouvem a Palavra, mas são sufocados pelas preocupações do dia a dia e pelos prazeres da vida, que impedem o amadurecimento dos frutos. Já a semente que caiu em terra fértil representa os que ouvem a Palavra de Deus com todo o coração e, por isso, dão frutos.

> **Ensinamento**
> É preciso ter um coração bom e aberto para ouvir a palavra de Deus.

ACALMANDO A TEMPESTADE
(Marcos 4:35-41)

Jesus, acompanhado de seus discípulos, falava sobre Deus às pessoas, à beira do mar. Logo que escureceu, eles atravessaram de barco até a outra margem.

Durante a travessia, porém, uma forte tempestade os atingiu. Nesse momento, Jesus dormia. Os discípulos, muito assustados, decidiram acordá-lo.

– Acalmem-se! – ordenou Jesus ao vento e ao mar, e na mesma hora tudo ficou calmo e em silêncio.

Em seguida, Jesus virou aos seus discípulos e perguntou-lhes:

– Vocês ainda não têm fé?

Os discípulos ficaram admirados! Afinal, quem era aquele que conseguia a obediência do mar e do vento?

Ensinamento
Mesmo durante os períodos mais difíceis, nunca perca a fé em Deus.

81

JESUS MULTIPLICA OS PÃES E OS PEIXES

(Mateus 14:13-21)

Para ouvirem os ensinamentos de Jesus e serem curadas por Ele, as pessoas começaram a segui-lo cada vez mais.

Certa vez, quando a noite se aproximava, os discípulos sugeriram a Jesus que Ele mandasse a multidão para casa, pois não havia como alimentar as pessoas.

Jesus disse aos discípulos que alimentassem a multidão. Eles levaram a Jesus os cinco pães e os dois peixes que tinham. Então, Ele mandou a multidão se sentar sobre a grama, pegou os alimentos e, olhando para o céu, abençoou-os e partiu-os.

Os discípulos distribuíram o alimento entre a multidão de quase cinco mil homens, sem contar mulheres e crianças. Todos comeram até ficarem satisfeitos, e ainda sobraram doze cestos cheios!

Ensinamento
Deus sempre tem uma solução para tudo.

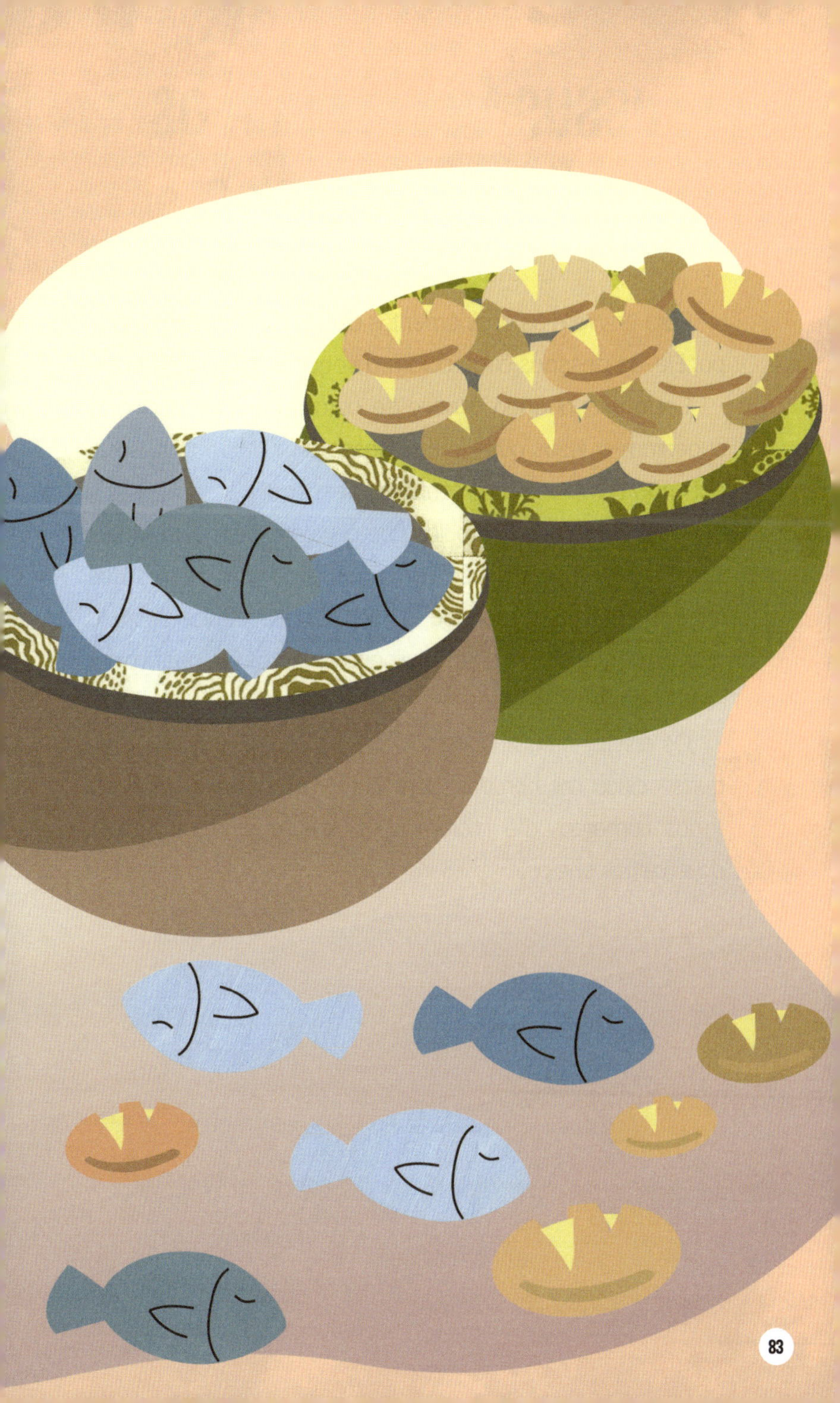

JESUS CAMINHA SOBRE AS ÁGUAS

(Mateus 14:22-33)

Após ter alimentado a multidão, Jesus pediu aos seus discípulos que fossem de barco até o outro lado do rio, enquanto se despedia do povo. Em seguida, Ele se dirigiu a um monte para poder orar sozinho.

O barco já estava no meio do mar, balançando muito por causa do vento e das ondas. Jesus, então, foi em direção aos discípulos, caminhando sobre as águas. Vendo isso, eles ficaram muito assustados, pensando que fosse um fantasma. Jesus disse:

– Sou Eu, não tenham medo!

Para confirmar se era mesmo Jesus, Pedro disse:

– Se é mesmo o Senhor, permita que eu vá ao seu encontro.

Jesus assim permitiu, e Pedro foi caminhando em direção ao Senhor. Porém, conforme o discípulo avançava, ia afundando, porque estava com medo. Jesus estendeu a mão, segurou Pedro e disse:

– Homem de pouca fé, por que você duvidou?

Assim, os discípulos perceberam que ali estava o verdadeiro filho de Deus!

> **Ensinamento**
> Se você confia no Senhor, tudo é possível.

A PARÁBOLA DO BOM SAMARITANO
(Lucas 10:25-37)

Em um dos sermões de Jesus, um homem que entendia de leis perguntou:

– Mestre, o que preciso fazer para ter a vida eterna?

Jesus perguntou ao homem o que estava escrito na lei, e o homem respondeu corretamente: amar a Deus sobre todas as coisas, e ao próximo como a si mesmo. Não satisfeito, esse homem ainda perguntou:

– Mas quem é o meu próximo?

Para responder, Jesus lhe contou uma parábola.

– Certa vez, um homem estava indo de Jerusalém para Jericó, quando alguns ladrões o cercaram. Além de levarem todo o dinheiro do homem, os ladrões bateram nele sem piedade. Pela estrada em que o pobre homem estava, passou um sacerdote, que foi embora, sem prestar ajuda. Depois, passou um levita, que, como o sacerdote, seguiu seu caminho. Por fim, apareceu um samaritano, que, diferentemente dos dois homens, ajudou o rapaz que estava machucado. O samaritano ainda cuidou de suas feridas e o levou até uma hospedaria, pagando todas as despesas.

Jesus, então, perguntou ao homem que entendia de leis:

– Quem foi o próximo do homem assaltado?

Ele respondeu:

– Aquele que foi misericordioso.

Jesus concluiu, dizendo:

– Faça como o bom samaritano! Ajude e seja misericordioso com as pessoas.

Ensinamento
Ajude o próximo como você gostaria de ser ajudado.

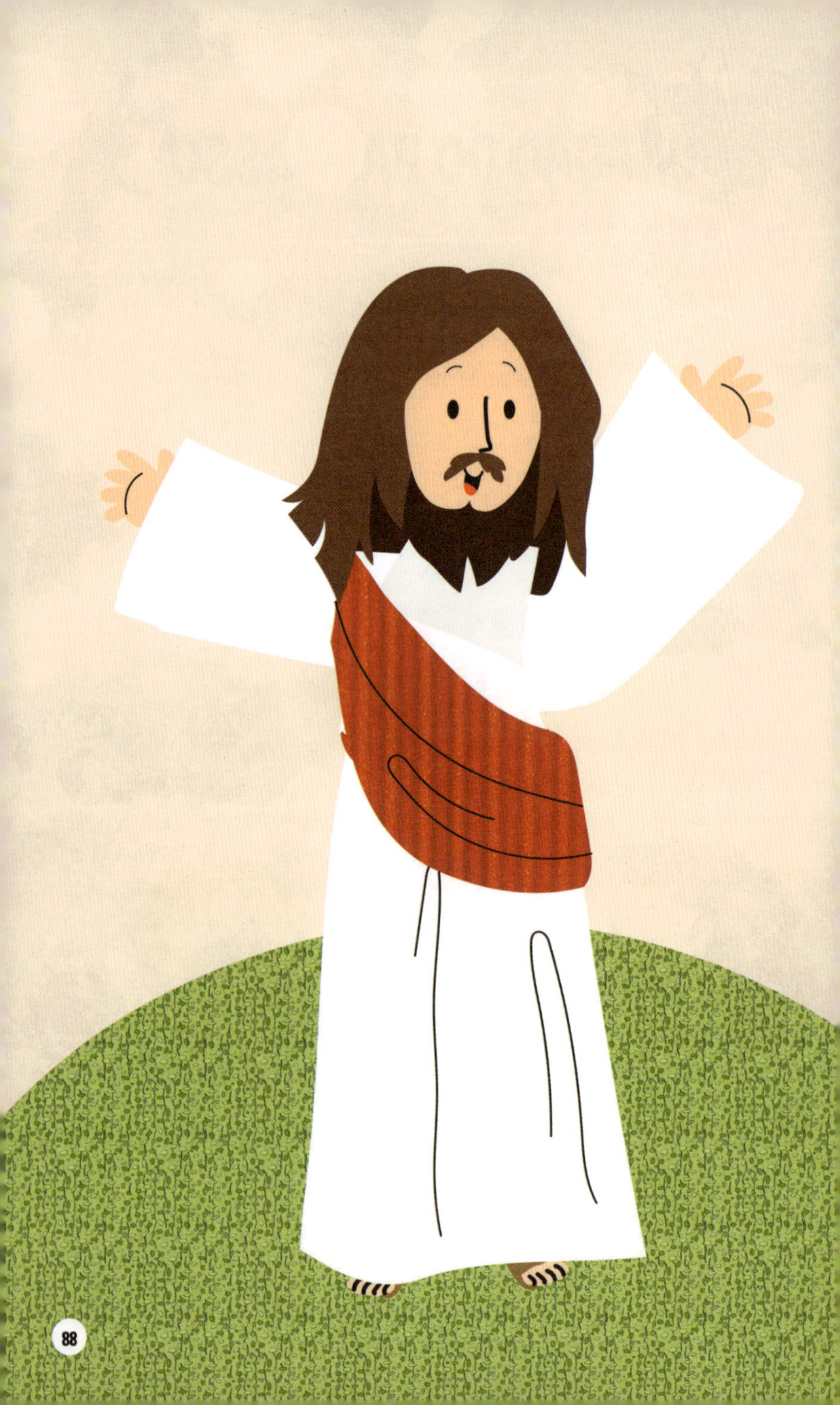

ORAÇÃO DO PAI-NOSSO

(Mateus 6:9-13)

Jesus ensinou muito sobre as maravilhas de Deus às pessoas. Certo dia, um de seus discípulos lhe pediu:

– Senhor, ensina-nos a orar!

Ele lhes ensinou uma linda oração:

– Pai nosso, que estás nos céus, santificado seja o teu nome; venha o teu Reino; seja feita a tua vontade, assim na terra como no céu. Dá-nos cada dia o nosso pão e perdoa-nos os nossos pecados, assim como perdoamos quem nos ofendeu. E não nos conduzas à tentação, mas livra-nos do mal.

> **Ensinamento**
> Ore, e Deus ouvirá você.

A PARÁBOLA DO RICO SEM JUÍZO

(Lucas 12:13-21)

Certa vez, enquanto Jesus pregava, um homem na multidão disse:

– Mestre, peça ao meu irmão para dividir a herança dele comigo!

Para mostrar ao homem que a felicidade não estava na riqueza, Jesus lhe contou a seguinte parábola:

– Havia um homem cujos campos estavam produzindo abundantemente. Até que um dia já não havia espaço suficiente para ele guardar tudo o que havia colhido. Então, o homem teve a ideia de derrubar seus celeiros e construir outros bem maiores, para guardar todos os seus bens, que durariam por anos. Deus, porém, apareceu para o homem dizendo: "Esta noite, você morrerá, e para quem ficarão todos os seus bens?".

Jesus, então, concluiu a parábola explicando que se alguém junta riquezas apenas para si não é visto como rico por Deus.

Ensinamento
A vida é o nosso bem mais valioso.

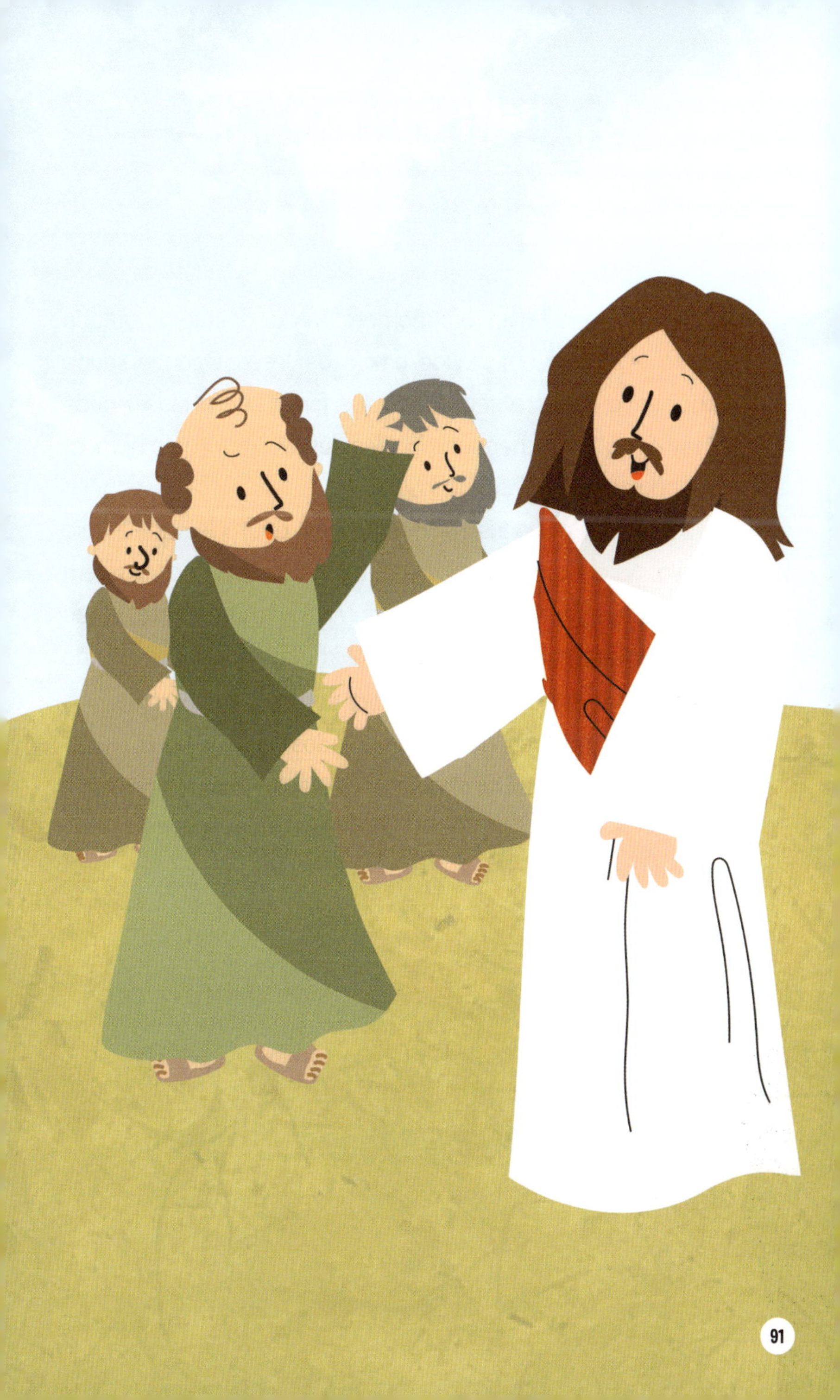

LÁZARO É TRAZIDO DE VOLTA À VIDA

(João 11:1-45)

Em Betânia, havia um homem muito doente, chamado Lázaro, e ele era um grande amigo de Jesus. Quando soube da doença, Jesus e seus discípulos foram até a aldeia onde Lázaro vivia. Mas, chegando lá, eles descobriram que o homem já tinha morrido, quatro dias antes.

Jesus ficou muito triste, e decidiu ir até o túmulo onde Lázaro estava. Ao chegar no local, Ele pediu que as pessoas tirassem a pedra que fechava a sepultura. Marta, irmã de Lázaro, não achou uma boa ideia, porque já havia passado alguns dias do enterro. Jesus orou a Deus por um milagre e, depois, disse:

– Lázaro, venha para fora!

Na mesma hora, Lázaro saiu caminhando, ainda enrolado em panos, e todos ficaram admirados, principalmente as irmãs de Lázaro, que presenciaram o milagre.

Ensinamento
Para Deus, tudo pode ser feito. Basta acreditar.

A PARÁBOLA DA OVELHA PERDIDA

(Lucas 15:1-7)

Com o passar do tempo, mais e mais pessoas iam até Jesus para ouvir os seus ensinamentos, inclusive aquelas que tinham cometido vários pecados. Os mestres da lei o criticavam por Ele estar próximo dessas pessoas. Então, Jesus aproveitou para contar mais uma de suas parábolas:

– Quem entre vocês, tendo cem ovelhas, não deixaria no deserto as noventa e nove para buscar aquela que se perdeu? E que, chegando em casa com a ovelha que tinha sido perdida, não convidaria os amigos para celebrar? Pois é exatamente assim que acontece nos Céus: haverá muito mais alegria no Reino de Deus por alguém que se perdeu e se arrependeu, do que por noventa e nove pessoas que estão no caminho do Senhor.

Ensinamento
Mesmo que você se perca no caminho, Deus se alegrará com o seu retorno.

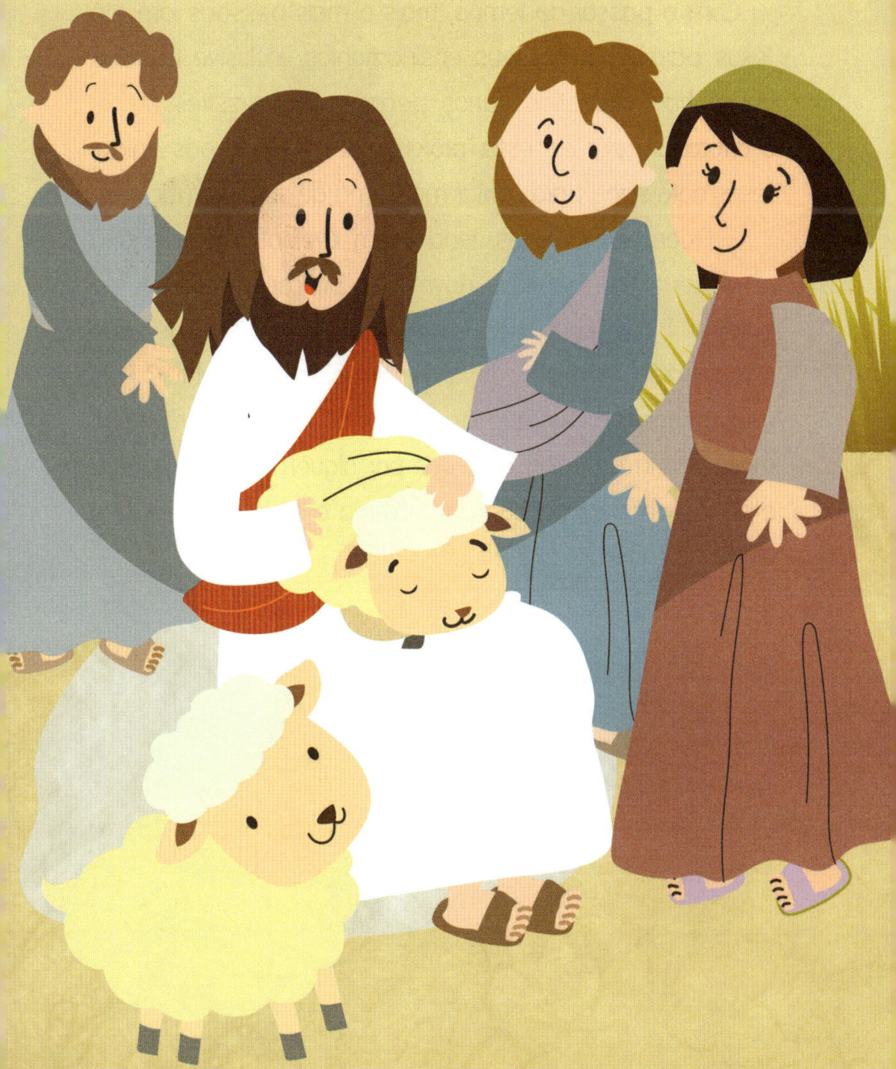

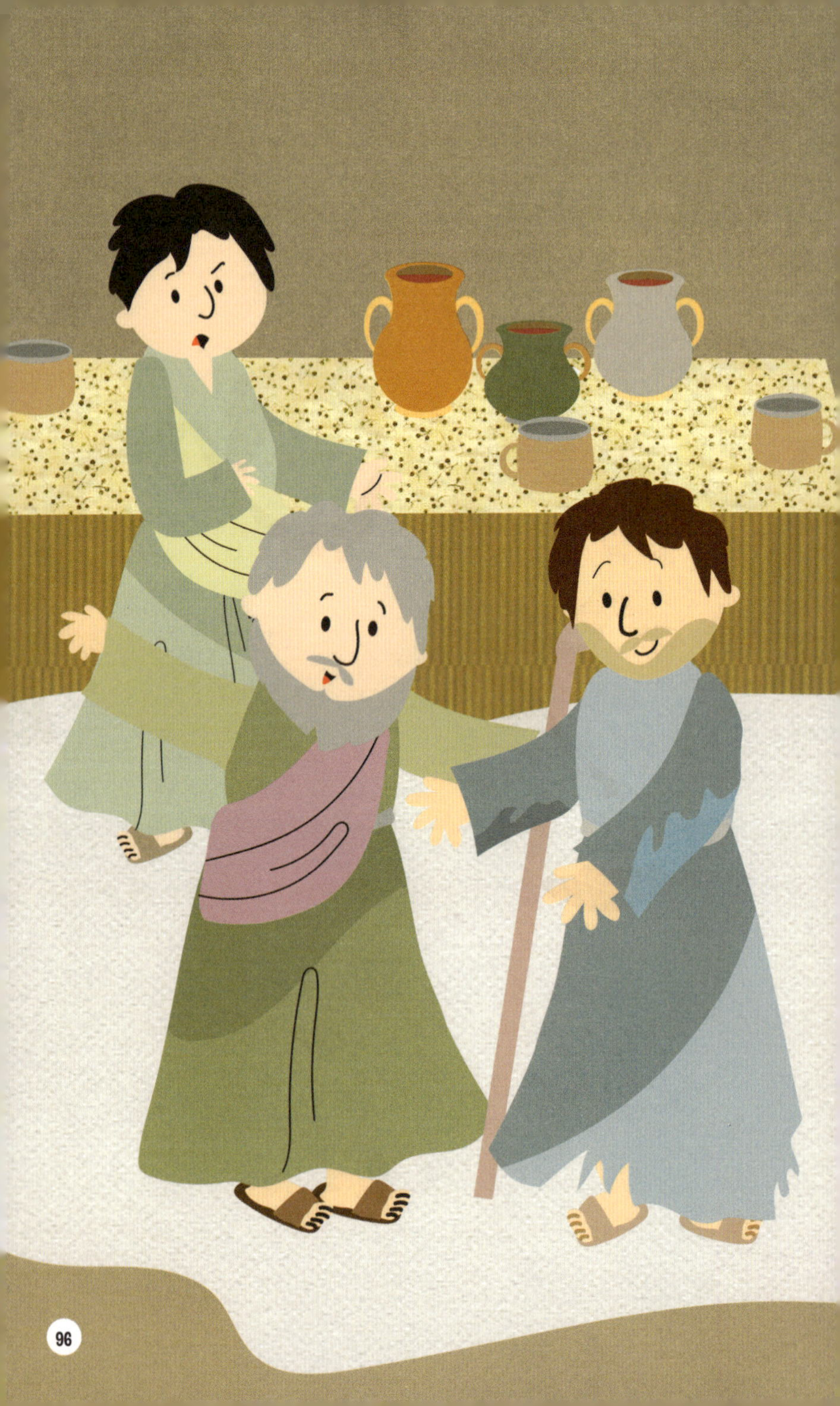

A PARÁBOLA DO FILHO PRÓDIGO

(Lucas 15:11-32)

E Jesus contou mais uma parábola às pessoas:

– Havia um homem que tinha dois filhos. Certo dia, o mais novo deles pediu ao pai sua parte na herança e, depois disso, foi para bem longe. O rapaz, esbanjando todas as riquezas que havia herdado, um tempo depois, ficou sem nada. Como naquele período a região em que o jovem estava tinha sido atingida por uma grande fome, ele teve de trabalhar cuidando de porcos, em troca de comida. Arrependido do que tinha feito, o rapaz se lembrou de que até os empregados da casa de seu pai tinham boa comida, e decidiu voltar. O pai, ao ver seu filho mais novo voltando, correu até ele com muita alegria e decidiu fazer uma grande festa. Quando o irmão mais velho, que voltava do trabalho no campo, viu a grande comemoração, questionou seu pai; afinal, ele tinha ficado durante todo o tempo ao seu lado e nunca havia ganhado nada em troca, e o irmão mais novo, que havia gastado os bens, ganhou uma festa. O pai, porém, disse: "Tudo o que é meu é seu. Seu irmão estava perdido, mas agora encontrou o caminho de volta. Por isso, devemos celebrar!".

Ensinamento
É preciso receber de braços abertos aqueles que se desviaram do caminho do bem.

JESUS ABENÇOA AS CRIANÇAS
(Lucas 18:15-17)

As notícias sobre Jesus e seus milagres estavam se espalhando cada vez mais por Jerusalém, e multidões se reuniam ao redor d'Ele para ouvi-lo. As pessoas também levavam seus filhos para que Jesus pudesse abençoá-los.

Como achavam que as crianças atrapalhavam a pregação de Jesus, os discípulos começaram a repreender os pais. Porém, Jesus lhes disse:

– Deixem que as crianças venham até a mim, porque o Reino de Deus pertence àqueles cujo coração é tão bom quanto o delas.

> **Ensinamento**
> Cresça sem perder a pureza do coração de uma criança.

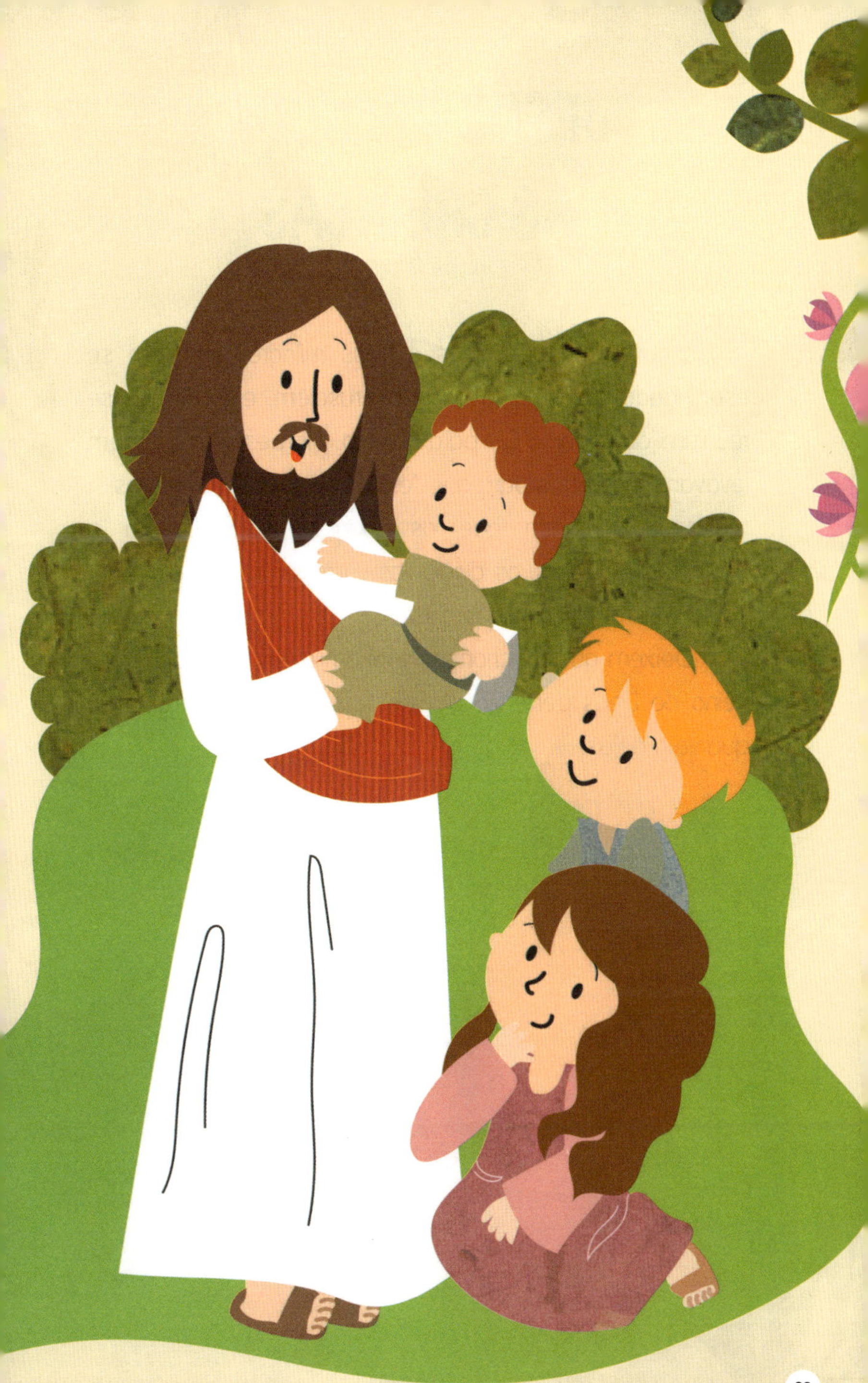

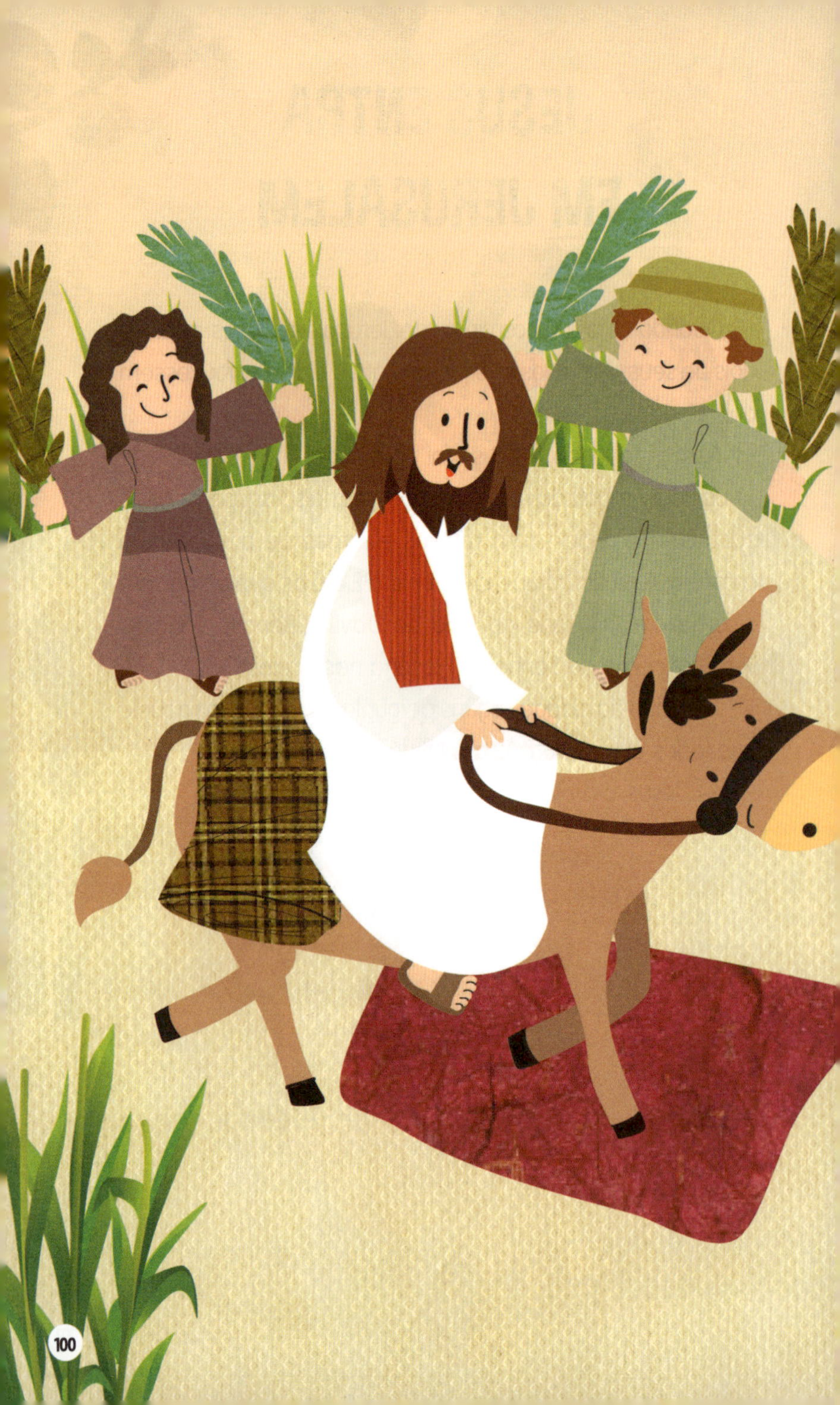

JESUS ENTRA EM JERUSALÉM

(Mateus 21:1-11)

Quando estava a caminho de Jerusalém, Jesus pediu a dois de seus discípulos que fossem até a aldeia e trouxessem dois jumentos até Ele.

Assim, quando Jesus foi entrando na cidade de Jerusalém, montado em um dos animais, as pessoas o saudaram e espalharam mantos e ramos de árvores pelo caminho. A multidão que ia à frente d'Ele e os que o seguiam aclamavam: "Hosana ao Filho de Davi!", "Bendito é o que vem em nome do Senhor!", "Hosana nas alturas!"

Já dentro da cidade, alguns perguntaram quem era aquele que todos aclamavam, e a multidão respondeu:

– É Jesus, o profeta de Nazaré!

Ensinamento
Nunca deixe de louvar Aquele que foi enviado por Deus.

102

A TRAIÇÃO DE JUDAS

(Lucas 22:1-6)

A Páscoa se aproximava, e os sacerdotes, muito incomodados com os ensinamentos de Jesus ao povo, começaram a planejar algo ruim contra Ele.

Vendo uma oportunidade de conseguir dinheiro, Judas, um dos discípulos de Jesus, em troca de algumas moedas de prata, decidiu contar aos sacerdotes o momento em que seu Mestre estaria sozinho e longe da multidão, que tanto o adorava.

Ensinamento
Nem todos são bons amigos. Mesmo assim, saiba perdoar aqueles que fizerem mal a você.

A ÚLTIMA CEIA

(Mateus 26:17:28)

Quando o dia da Páscoa finalmente chegou, Jesus disse a seus discípulos que estava próxima a sua morte e pediu a eles que encontrassem um lugar para fazerem a refeição da Páscoa. Com tudo preparado, Jesus se sentou à mesa com seus doze discípulos e, durante a refeição, Ele anunciou:

– Um de vocês vai me trair!

Os discípulos ficaram tristes com a anúncio e queriam saber quem agiria contra o Mestre. Jesus já sabia que Judas era o traidor.

Dando continuidade à ceia, Jesus abençoou o pão e disse:

– Comam, isto é o meu corpo!

Em seguida, pegando um cálice de vinho, Ele disse:

– Bebam, isto é o meu sangue, que será derramado por vocês, para que todos os seus pecados sejam perdoados.

> **Ensinamento**
> A hora da refeição é sagrada. Por isso, procure compartilhá-la com as pessoas que você ama.

JESUS É PRESO
(Lucas 22:45:53)

Depois de orar a Deus no Monte das Oliveiras, Jesus foi até os seus discípulos, que dormiam, e acordou-os. Em seguida, viu algumas pessoas que se aproximavam: era uma grande multidão enviada pelos chefes dos sacerdotes e acompanhada de Judas e de soldados, que foram prendê-lo.

Para mostrar aos soldados quem era Jesus, Judas se aproximou dele, deu-lhe um beijo no rosto.

Os discípulos tentaram impedir a prisão de Jesus, mas, para que se cumprissem as escrituras, Ele permitiu que os sacerdotes o levassem.

> **Ensinamento**
> Em alguns momentos da vida, é preciso fazer sacrifícios por um bem maior.

JESUS É LEVADO A PILATOS

(Mateus 27:11-26)

Após ser preso, Jesus foi levado até Pilatos, governador da Judeia, para que recebesse a sentença de morte. Pilatos, porém, não encontrou nada que pudesse incriminar Jesus, e ele sabia que sua prisão havia sido motivada pela inveja dos sacerdotes.

Como Jerusalém estava em festa, por causa da Páscoa, Pilatos decidiu usar a ocasião para fazer algo que era comum nessa época do ano: libertar um prisioneiro. O governador perguntou à multidão:

– Quem vocês querem que eu liberte: Barrabás ou Jesus?

Ao que a multidão respondeu:

– Liberte Barrabás!

Seguindo a vontade do povo, Pilatos libertou Barrabás e mandou Jesus para ser castigado e, depois, crucificado.

> **Ensinamento**
> Nunca julgue ou tente prejudicar o próximo.

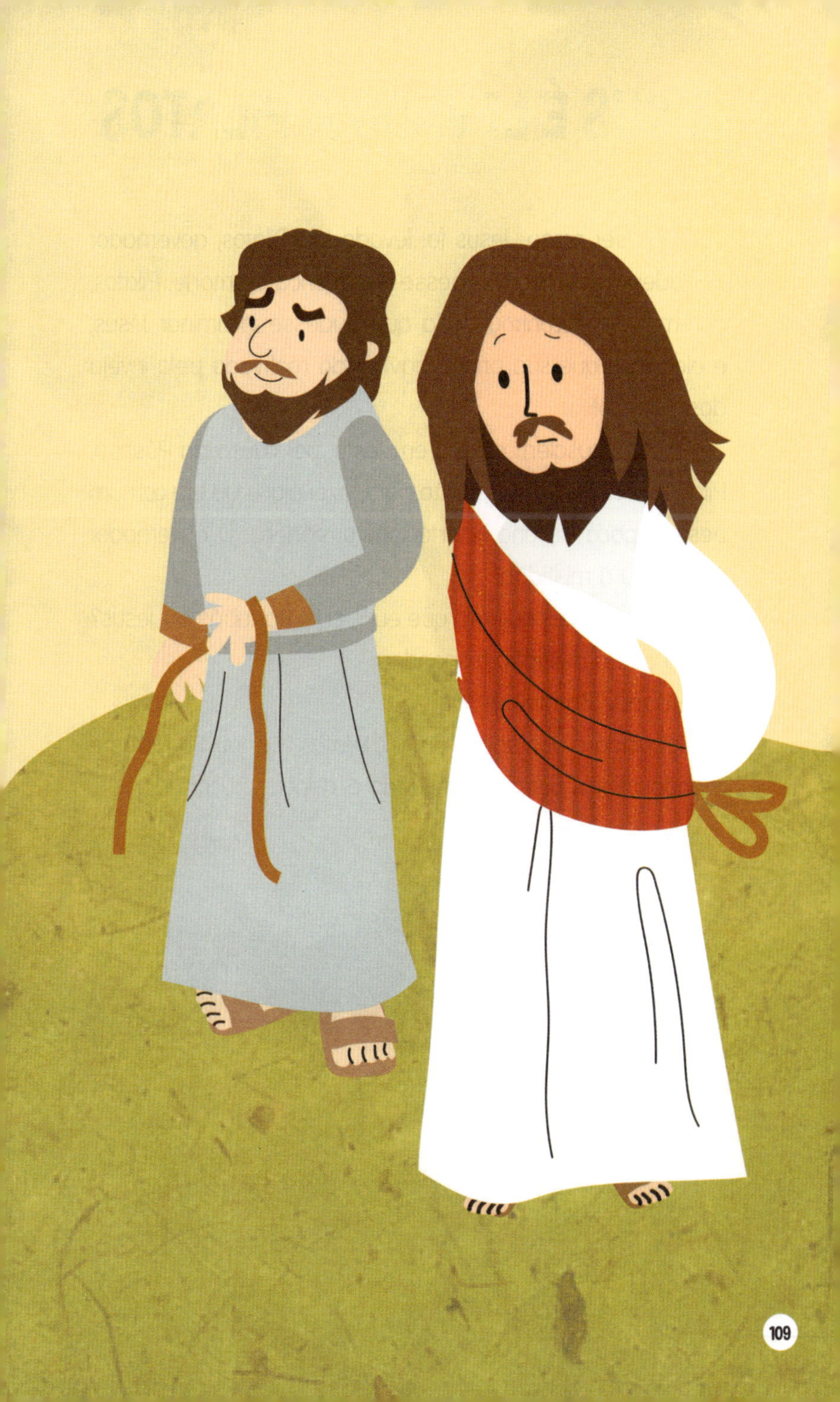

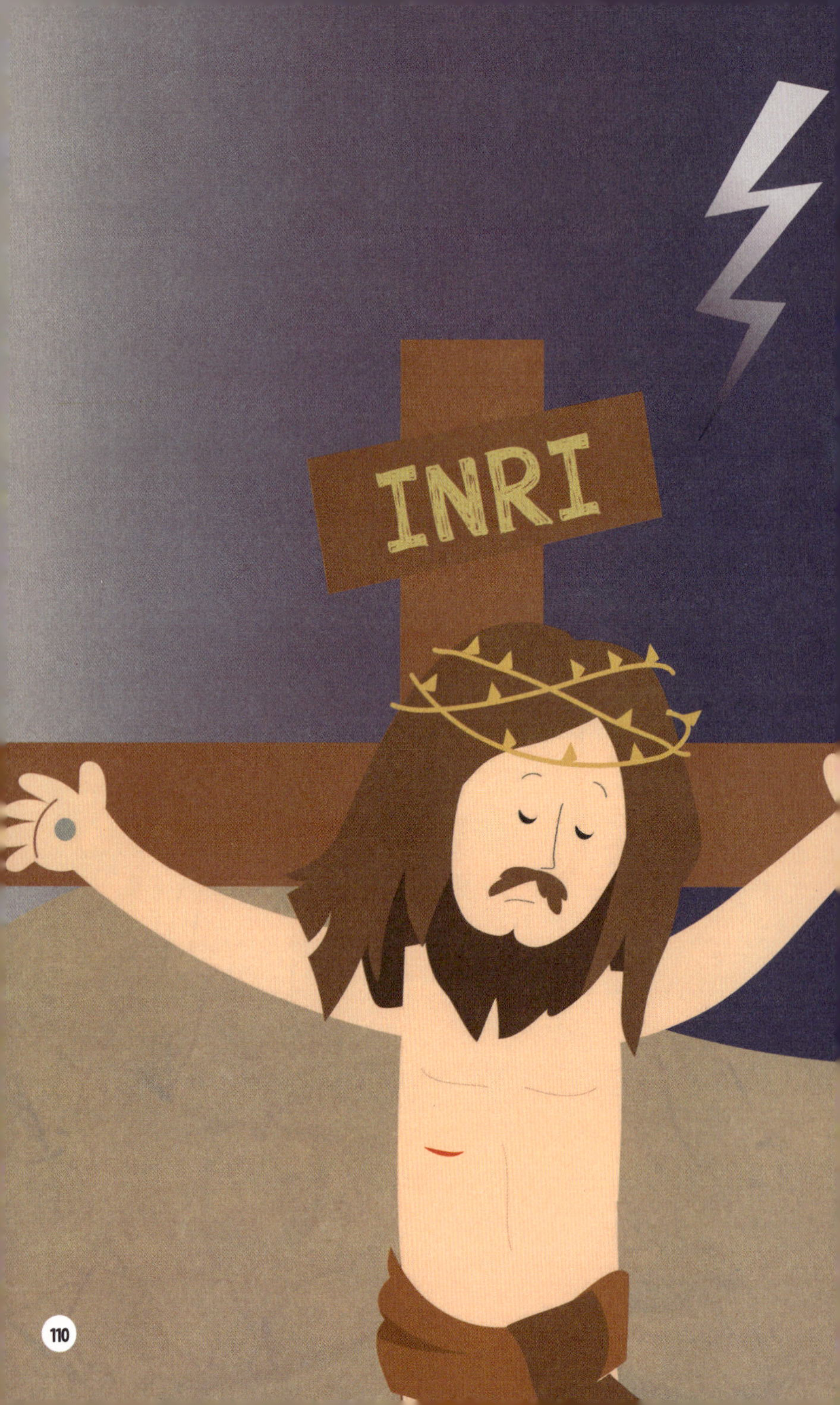
INRI

JESUS É CRUCIFICADO

(Mateus 27:35-56)

Os soldados de Pilatos tiraram as roupas de Jesus e colocaram n'Ele um manto vermelho e, sobre a sua cabeça, uma coroa de espinhos. Depois de castigá-lo, fizeram-no caminhar levando uma pesada cruz até o monte Calvário, onde seria a crucificação.

No monte, Jesus foi pregado a uma cruz entre dois criminosos. Ali, algumas pessoas presenciaram o sofrimento de Jesus, entre elas, Maria, sua mãe, e João, seu discípulo. Houve grande escuridão em toda a Terra.

Depois de várias horas, Jesus exclamou:

– Meu Deus, por que me abandonou?

Depois de entregar seu espírito a Deus, Jesus morreu. De repente, um forte estrondo se fez ouvir dos céus, e a Terra toda tremeu. Nesse momento, as pessoas acreditaram que ali estava o verdadeiro Filho de Deus.

Ensinamento

Haverá momentos em que você perderá a sua fé, mas o Senhor ainda estará ao seu lado.

112

A RESSURREIÇÃO DE JESUS

(Lucas 23:49-56, 24:1-12)

Após a morte de Jesus, seu corpo foi preparado e levado até um túmulo nunca utilizado, que foi fechado com uma enorme pedra. Três dias depois, no primeiro dia da semana, algumas mulheres foram até lá e perceberam que a pedra não estava mais em seu lugar, nem mesmo o corpo de Jesus.

As mulheres ficaram muito assustadas, mas dois anjos apareceram e lhe disseram:

– Por que estão buscando entre os mortos aquele que vive? Isso mesmo, Jesus ressuscitou!

Muito contentes, as mulheres foram contar a boa-nova aos discípulos. Mas eles não acreditaram em suas palavras.

Ensinamento
Sempre há esperança!

JESUS APARECE AOS SEUS DISCÍPULOS

(Lucas 24:36-40, João 20:24-29)

Para mostrar que havia ressuscitado, Jesus apareceu aos seus discípulos:

– Que a paz esteja com vocês!

Assustados, eles acharam que fosse um espírito. Jesus, então, mostrou-lhes as marcas que havia em suas mãos, seus pés e em seu lado, que um soldado havia furado com uma lança. Assim, todos acreditaram que Jesus estava vivo.

Tomé, que não estava presente quando Jesus apareceu, não acreditou quando seus amigos lhe contaram a boa-nova. Então, oito dias depois, quando os discípulos estavam novamente reunidos, Jesus apareceu para eles outra vez e disse:

– Que a paz esteja com vocês!

Em seguida, Jesus pediu que Tomé tocasse em suas feridas. Tomé as tocou e acreditou no Senhor. Ele exclamou:

– Meu Senhor e meu Deus!

– Você acreditou porque viu. Felizes aqueles que acreditaram sem terem visto! – exclamou Jesus, por fim.

Ensinamento
Todos que acreditam em Deus, sem nunca o terem visto ou tocado, são abençoados.

A VINDA DO ESPÍRITO SANTO

(Atos dos Apóstolos 2:1-11)

Depois da ressurreição de Jesus, seus discípulos se mantiveram reunidos. Então, no dia de Pentecostes, que era a celebração da colheita e a comemoração de quando Moisés recebeu de Deus os mandamentos, veio do céu um som bem alto, que parecia um forte vento, e tomou todo o lugar onde eles estavam reunidos.

Em seguida, línguas de fogo se dividiram e pousaram sobre a cabeça de cada um dos discípulos. Na mesma hora, todos ficaram cheios do Espírito Santo e começaram a falar várias línguas diferentes.

Naquela época, em Jerusalém, havia pessoas de várias nações, e elas ficaram admiradas quando ouviram os discípulos de Jesus falando no idioma deles sobre as maravilhas de Deus.

> **Ensinamento**
> A Palavra de Deus está em toda parte.

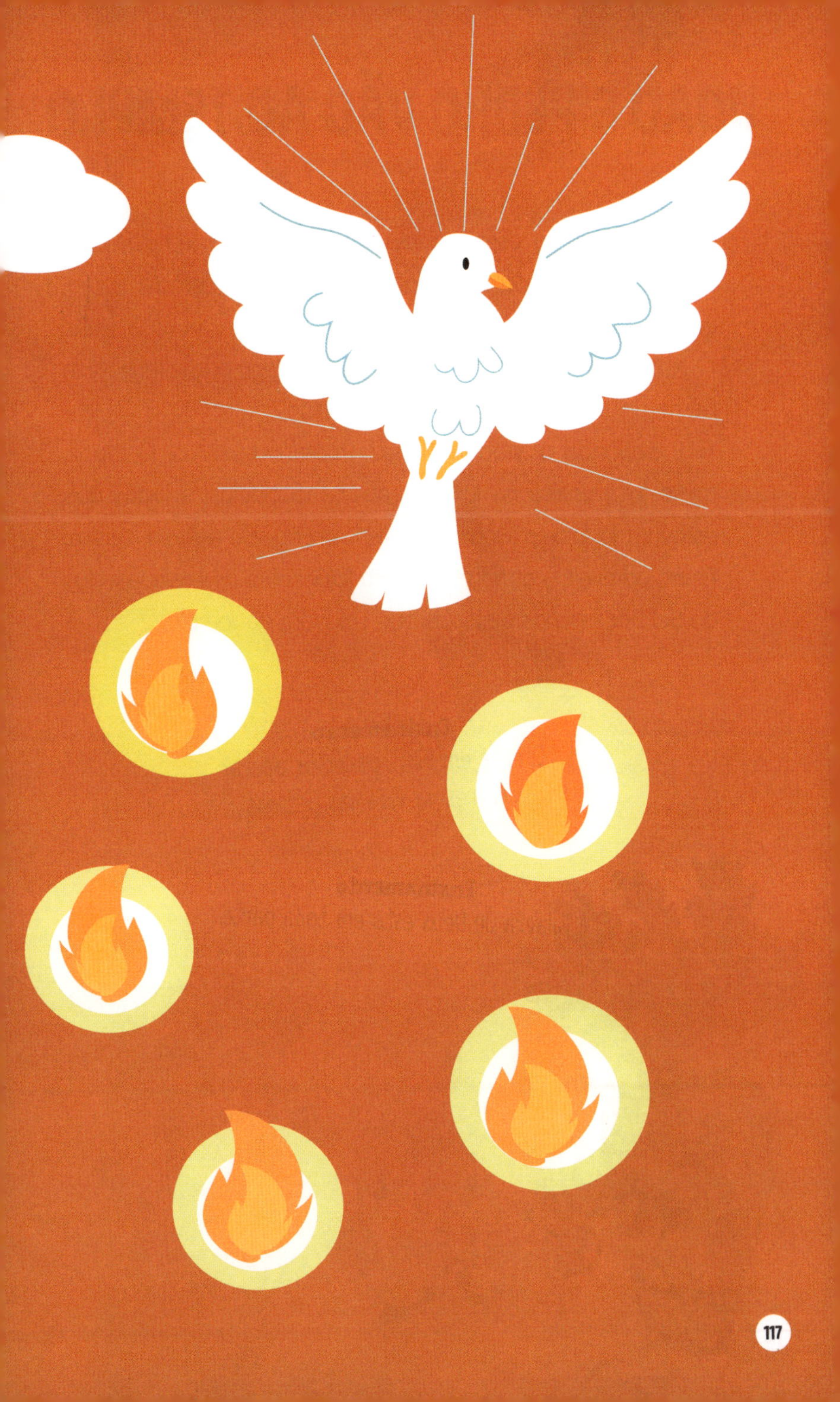

JOÃO E PEDRO VÃO AO TEMPLO

(Atos dos Apóstolos 3)

João e Pedro estavam prestes a entrar no templo, para orar a Deus, quando um rapaz coxo lhes pediu esmola. Pedro, então, respondeu:

– Não tenho prata, nem ouro. Mas ofereço o que tenho. Em nome de Jesus Cristo, levante-se e ande.

E pegando a mão do rapaz, Pedro o levantou. O rapaz, muito feliz, entrou no templo com os discípulos, e todos que estavam lá ficaram maravilhados com aquele milagre. Assim, Pedro aproveitou o momento para falar sobre os ensinamentos do Senhor para as pessoas que estavam no templo.

Ensinamento
Com fé em Deus, podemos operar milagres na vida das pessoas.

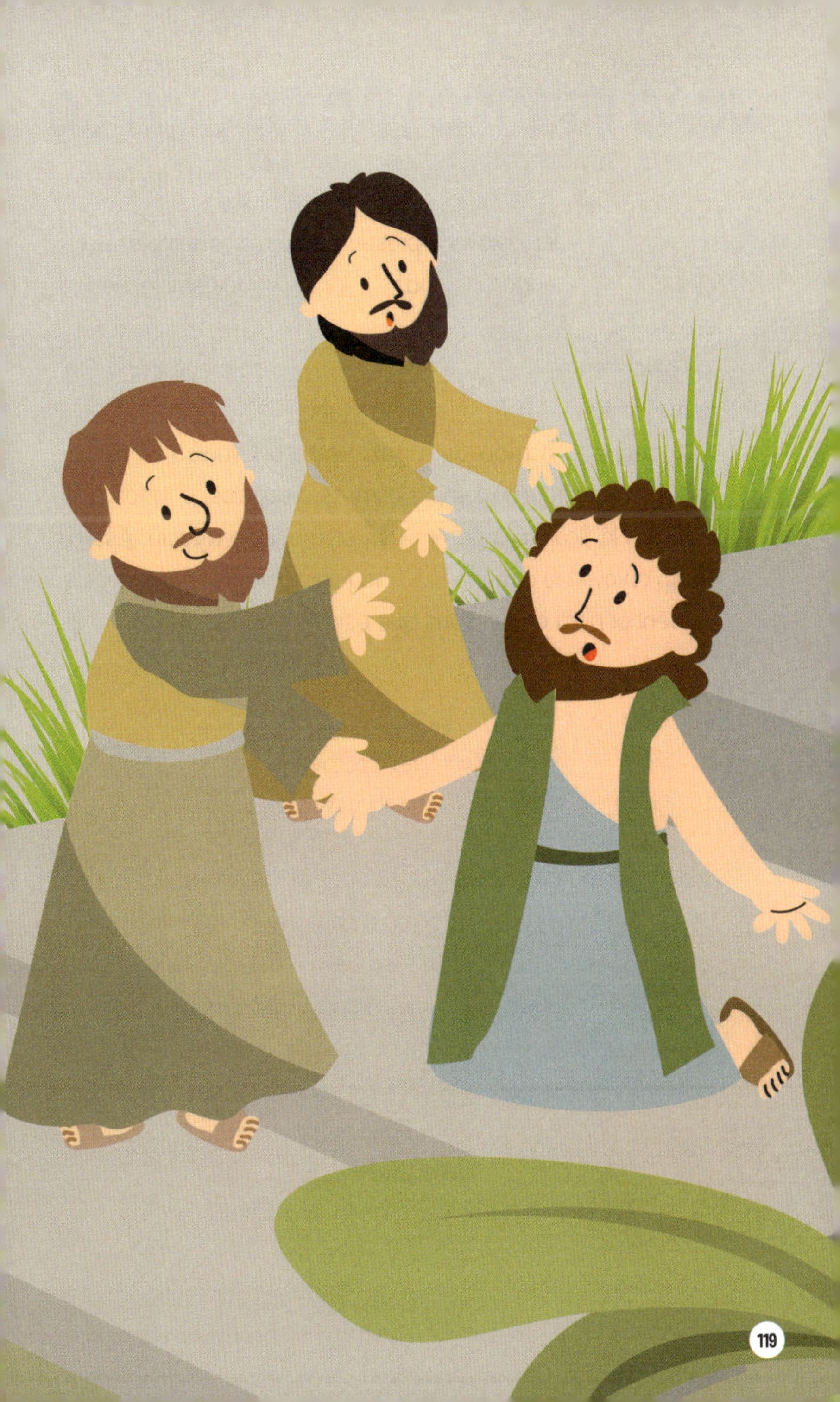

A CONVERSÃO DE SAULO
(Atos dos Apóstolos 9:1-18)

Com a morte de Jesus, seus discípulos e todas as pessoas que seguiam seus ensinamentos começaram a ser perseguidos. Entre os perseguidores, havia um homem chamado Saulo.

Certo dia, quando Saulo estava a caminho de Damasco, para prender os seguidores de Jesus que viviam ali, ele foi cercado por uma luz que vinha dos céus.

– Saulo, por que me persegue? – perguntou uma voz, vinda da luz.

– Quem é? – questionou Saulo.

– Eu sou Jesus, a quem você persegue! – a voz respondeu.

Jesus pediu que Saulo entrasse na cidade e avisou que ele logo saberia o que fazer. Quando a luz se foi, ao abrir os olhos, Saulo ficou cego.

Em Damasco, Saulo já estava há três dias sem ver, e ficou todo esse tempo sem comer e beber. Então, um discípulo de Jesus chamado Ananias foi até a casa em que ele estava, e, conforme orientado pelo Senhor, devolveu-lhe a visão.

A partir daquele momento, Saulo se encheu do Espírito Santo e se tornou um dos mensageiros de Deus.

Ensinamento
Deus acredita em todos os seus filhos.

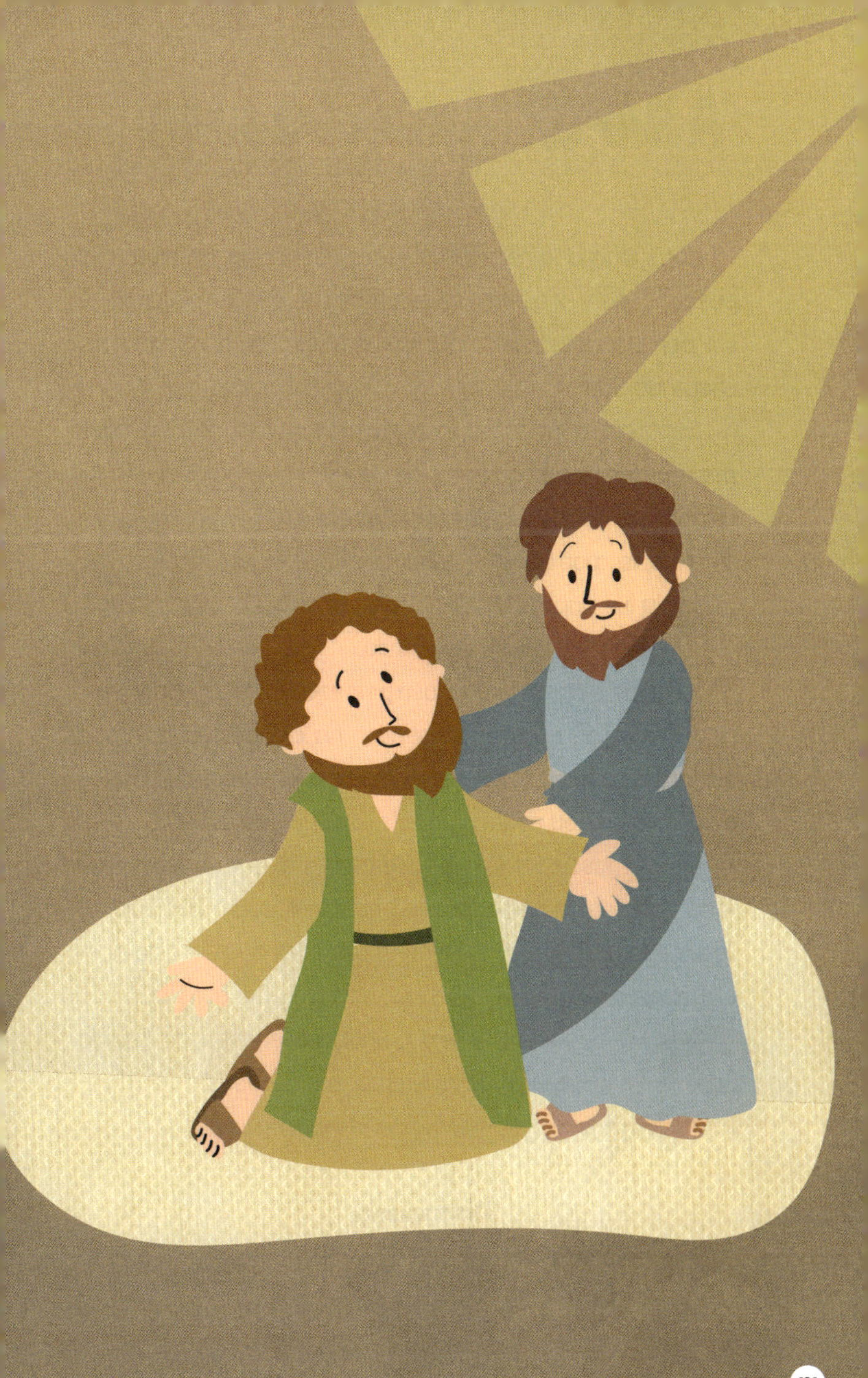

A IMPORTÂNCIA DO AMOR

(1 Coríntios 13)

Entre os muitos ensinamentos de Jesus, está a importância do amor.

Ainda que as pessoas falem muitas línguas, sem amor, isso de nada valerá.

Ainda que as pessoas tenham grande conhecimento e fé, sem amor, isso de nada adiantará.

Ainda que as pessoas compartilhem tudo o que possuem, sem amor, isso de nada servirá.

O amor é paciente, é bondoso. Não tem inveja, não se enaltece e não se orgulha.

Quem ama respeita o outro, não o irrita e não deseja o mal.

A esperança, a fé e o amor são os principais dons que as pessoas podem ter. Mas o amor ainda é o maior de todos!

> **Ensinamento**
> O amor é o nosso maior dom.

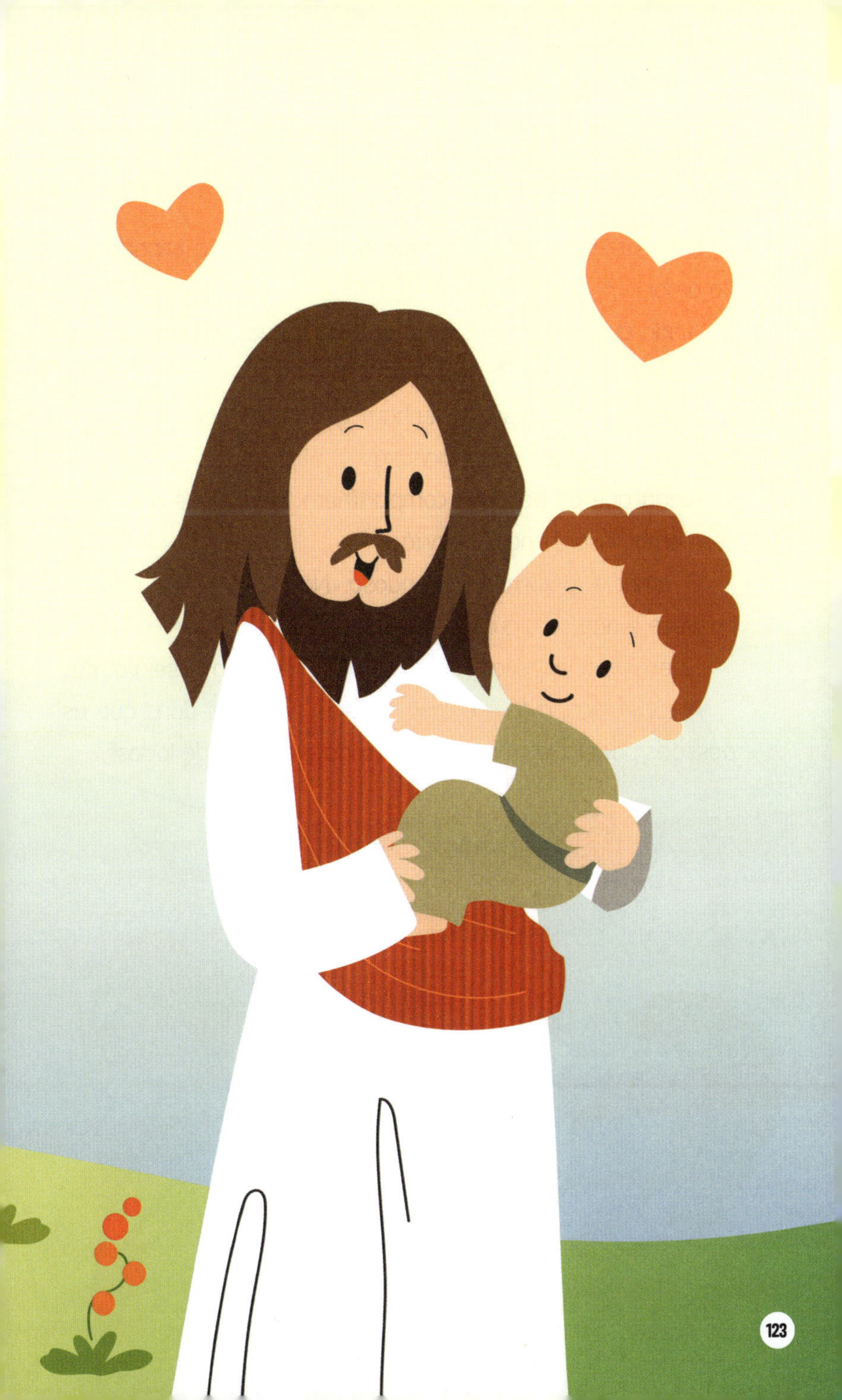

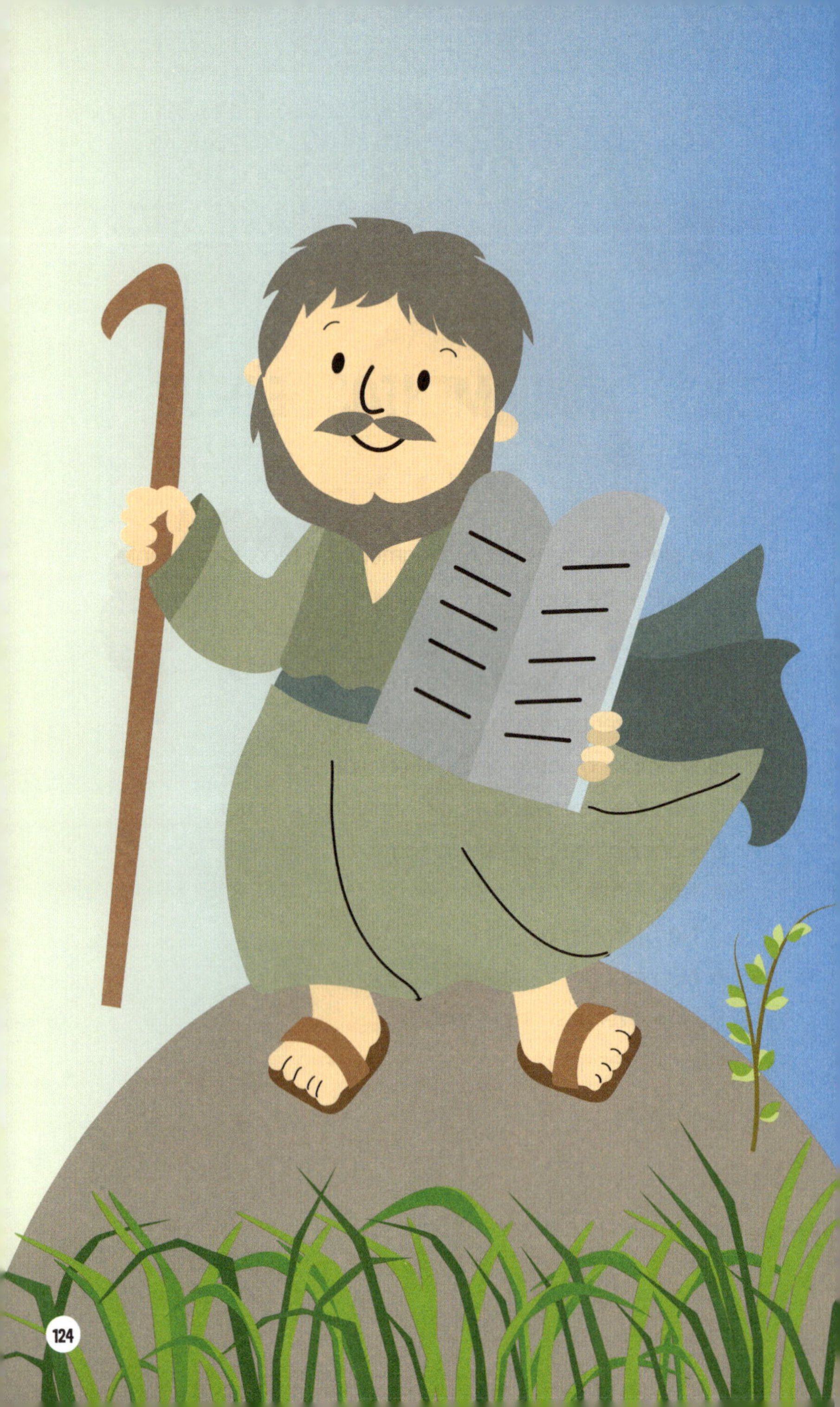

VAMOS APRENDER!

OS 10 MANDAMENTOS DE DEUS
(Êxodo 20:1-17)

Deus ensinou seus dez mandamentos a Moisés no Monte Sinai. Você sabe quais são?

1. Não ter outros deuses além de Deus.
2. Não fazer para si imagens ou esculturas..
3. Não falar o nome de Deus em vão.
4. Guardar o sétimo dia para santificar o Senhor.
5. Honrar o seu pai e a sua mãe.
6. Não matar.
7. Não cometer adultério.
8. Não roubar.
9. Não dizer falso testemunho.
10. Não desejar o que é do seu próximo.

VAMOS APRENDER!

APRENDENDO COM AS HISTÓRIAS

Agora que você conhece praticamente todas as histórias da Bíblia, escreva sobre as de que você mais gostou e explique o que aprendeu com cada uma delas.

História:..
Eu aprendi que ....
....
....
....

História:..
Eu aprendi que ....
....
....
....

História:..
Eu aprendi que ....
....
....
....

História:..
Eu aprendi que ....
....
....
....

História:..
Eu aprendi que ....
....
....
....

História:..
Eu aprendi que ....
....
....
....

História:..
Eu aprendi que ....
....
....
....

VAMOS PRATICAR!

MINHA ORAÇÃO!

Deus sempre escuta as orações de seus filhos. Então, que tal escrever a sua própria oração? Você pode agradecer a Deus por tudo de bom que há em sua vida, fazer um pedido especial e até mesmo dizer o tamanho de sua fé e de seu amor por Ele. O segredo é deixar o seu coração falar mais alto!